1+X职业技术·职业资格培训教材

NONGJIALEFUWU

农家乐服务

主　编　管文涛
编　者　李德良
主　审　陈玉昌

中国劳动社会保障出版社

图书在版编目(CIP)数据

农家乐服务/上海市职业技能鉴定中心等组织编写. —北京：中国劳动社会保障出版社，2014

1+X 职业技术·职业资格培训教材

ISBN 978-7-5167-1139-2

Ⅰ.①农… Ⅱ.①上… Ⅲ.①农村-旅游服务-中国-职业培训-教材 Ⅳ.①F592.6

中国版本图书馆 CIP 数据核字(2014)第 127654 号

中国劳动社会保障出版社出版发行

(北京市惠新东街 1 号 邮政编码：100029)

*

三河市华骏印务包装有限公司印刷装订 新华书店经销

787 毫米×1092 毫米 16 开本 10.5 印张 193 千字

2014 年 6 月第 1 版 2016 年 4 月第 6 次印刷

定价：25.00 元

读者服务部电话：(010) 64929211/64921644/84626437

营销部电话：(010) 64961894

出版社网址：http://www.class.com.cn

内 容 简 介

本教材由人力资源和社会保障部教材办公室、中国就业培训技术指导中心上海分中心、上海市职业技能鉴定中心依据上海 1+X 农家乐服务（专项职业能力）职业技能鉴定细目组织编写。教材从强化培养操作技能，掌握实用技术的角度出发，较好地体现了当前最新的实用知识与操作技术，对于提高从业人员基本素质，掌握农家乐服务核心知识与技能有直接的帮助和指导作用。

本教材在编写中根据本职业的工作特点，以能力培养为根本出发点，采用模块化的编写方式。全书共分为 10 章，内容包括农家乐服务概述、农家乐文化、农家乐服务语言、农家乐接待服务、农家乐景点服务、农家乐客房服务、农家乐餐饮服务、农副产品、食品与环境卫生、安全与消防技术等。

本教材可作为农家乐服务（专项职业能力）职业技能培训与鉴定考核教材，也可供全国中、高等职业技术院校相关专业师生参考使用，以及本职业从业人员培训使用。

前　言

职业培训制度的积极推进，尤其是职业资格证书制度的推行，为广大劳动者系统地学习相关职业的知识和技能，提高就业能力、工作能力和职业转换能力提供了可能，同时也为企业选择适应生产需要的合格劳动者提供了依据。

随着我国科学技术的飞速发展和产业结构的不断调整，各种新兴职业应运而生，传统职业中也越来越多、越来越快地融进了各种新知识、新技术和新工艺。因此，加快培养合格的、适应现代化建设要求的高技能人才就显得尤为迫切。近年来，上海市在加快高技能人才建设方面进行了有益的探索，积累了丰富而宝贵的经验。为优化人力资源结构，加快高技能人才队伍建设，上海市人力资源和社会保障局在提升职业标准、完善技能鉴定方面做了积极的探索和尝试，推出了1＋X培训与鉴定模式。1＋X中的1代表国家职业标准，X是为适应经济发展的需要，对职业的部分知识和技能要求进行的扩充和更新。随着经济发展和技术进步，X将不断被赋予新的内涵，不断得到深化和提升。

上海市1＋X培训与鉴定模式，得到了国家人力资源和社会保障部的支持和肯定。为配合1＋X培训与鉴定的需要，人力资源和社会保障部教材办公室、中国就业培训技术指导中心上海分中心、上海市职业技能鉴定中心联合组织有关方面的专家、技术人员共同编写了职业技术·职业资格培训系列教材。

职业技术·职业资格培训教材严格按照1＋X鉴定考核细目进行编写，教材内容充分反映了当前从事职业活动所需要的核心知识与技能，较好地体现了适用性、先进性与前瞻性。聘请编写1＋X鉴定考核细目的专家，以及相关行业的专家参与教材的编审工作，保证了教材内容的科学性及与鉴定考核细目以及题库的紧密衔接。

职业技术·职业资格培训教材突出了适应职业技能培训的特色，使读者通过学习与培训，不仅有助于通过鉴定考核，而且能够有针对性地进行系统学习，真正掌握本职业的核心技术与操作技能，从而实现从懂得了什么到会做什么的飞跃。

职业技术·职业资格培训教材立足于国家职业标准，也可为全国其他省市开展新职业、新技术职业培训和鉴定考核，以及高技能人才培养提供借鉴或参考。

新教材的编写是一项探索性工作，由于时间紧迫，不足之处在所难免，欢迎各使用单位及个人对教材提出宝贵意见和建议，以便教材修订时补充更正。

人力资源和社会保障部教材办公室
中国就业培训技术指导中心上海分中心
上海市职业技能鉴定中心

目　录

1

第 1 章

农家乐服务概述

学习目标

➢了解服务的定义和发展背景

➢掌握农家乐从业人员的各项素质要求

知识要求

一、“农家乐”及“农家乐服务”的含义

“农家乐”是指久居城市的游客到农村去体验农家生活并获得乐趣的一种新型的休闲旅游形式。“农家乐”主要是由农民利用自家院落以及依托农村的绿色自然资源和乡村文化资源，以乡土特色吸引市民走进农村，吃农家菜、住农家屋、赏农村景的一种休闲方式。所以，“农家乐”是指以乡村农业家庭为服务单元，以休闲度假为目的，以体验为手段，以城市游客为目标群体的新型休闲旅游服务产业。

“农家乐服务”是指取得国家劳动部门认可的相关职业项目，按照农家乐行业的服务规则和服务标准，为城市游客群体提供服务，并获得一定报酬的经济职业行为。

二、“农家乐服务”的开发

1. “农家乐服务”的开发意义

“农家乐服务”的开发有利于引导农村劳动力有序转移和稳定就业，加强农村实用人才队伍建设，是全面建设小康社会的必然要求，是实现工业化、城镇化和农业现代化的重要任务，是全面推进农村经济发展和社会主义新农村建设的重大举措。开展以“农家乐”为形式的新型农业职业开发、培养新型农民，对于提高农村劳动力择业和创业能力、增强农村劳动力就业竞争能力、促进农村劳动力转移、有效增加农民收入，都有十分重要的作用。

农家乐这一形式的新型农业职业开发，适应当前上海市农业农村经济发展、农业技术进步和就业准入制度实施的需要。“农家乐服务”的职业开发，将进一步推进农业农村人才队伍建设、强化农业人才支撑，推进现代农业发展和农村经济繁荣，对于巩固和发展上海市农业和农村经济的可持续发展成果，实现农业和农民的增产增收，具有重大的战略意义。

2. “农家乐”的发展背景

“农家乐”是随着我国城镇居民可支配收入增加和闲暇时间的增加以及农村经济社会的发展而逐渐兴起并不断完善的。

(1) 城镇化的快速推进为“农家乐”的发展提供了广阔的市场空间。据有关权威部门统计，2010 年上海市总人口已达 2 300 万，城镇人口占总人口 89.3%，城镇化水平居全国首位。由于受到城市环境、生活和工作的压力，久居都市的人们迫切需要到郊外农村寻求新的休闲空间，去欣赏田园风光、享受乡村情趣，回归大自然、陶冶情操。城市化的快速发展，城市人口规模的扩大，为农家乐和休闲农业的发展提供了市场空间。

(2) 社会经济的快速发展为“农家乐”的发展奠定了厚实的经济基础。从世界经济社会发展情况来看，人均 GDP 达到 1 000 美元时，观光性旅游快速发展；人均 GDP 达到 2 000 美元时，基本形成对休闲的多样化需求和多样化选择；人均 GDP 达到 3 000 美元时，度假需求就产生。2010 年，上海市人均 GDP 已达 11 000 美元，意味着居民的消费结构将发生重大改变，休闲消费无疑成为其中的一大亮点，市场潜力巨大。

(3) 闲暇时间的增加为“农家乐”和乡村旅游发展拓宽了发展时空。农家乐和乡村旅游的发展与人们日益增多的休闲时间息息相关，闲暇时间已成为一种经济资源。《国务院关于加快发展旅游业的意见》中明确指出，要制定国民旅游休闲纲要，落实带薪休假制度。这对农家乐和乡村旅游发展提供了制度保障。目前，国家对法定节假日不断优化调整，丰富了居民的文化生活。我国除带薪休假外，工薪阶层每年享有的法定假日达 114 天，这为城乡居民增加休闲消费创造了重要的外部条件。

(4) 农村基础设施建设的有效改善为农家乐和乡村旅游发展创造了便利条件。近年来，中央和地方财政新增投资，主要用于农村基础设施建设，农村的道路、水、电、通信等基础设施得到了明显的改善。特别是通过发展现代农业和新农村建设，农村的生产、生活正在发生根本改变，为农家乐和乡村旅游的发展提供了有力支撑。

(5) 旅游市场的转型升级为农家乐和乡村旅游发展带来了新的发展机遇。城市人群已不满足于传统的游览活动，个性化、人性化、亲情化的休闲、体验和度假活动渐成新宠。上海市旅游市场正由观光型向休闲度假型升级。上海市郊区富集了全市约 70% 的旅游资源，广大农村有着优美的田园风光，恬淡的生活环境，是发展农家乐和乡村旅游的理想场所。所以，农家乐是实现旅游业拓展的主要载体。农家乐是以乡村农业家庭为单元，以休闲度假为目的，以体验为手段，以城市游客为目标群体的新型产业，是返璞归真、天然绿色、健康和谐、节奏舒缓、原生态的时尚生活，是传统农业功能的拓展和提升，是现代旅游市场的转型与细分。

(6) 农业生产方式变革为农家乐和乡村旅游的发展提供了人力资源保障。随着科学技术的进步和农业社会服务体系的健全，农业生产机械化、规模化势头强劲，大量的农民已从繁重的农业劳动中解脱出来。农村富余劳动力的大量增加，为农民依托农业产业、依靠农村自然资源发展农家乐和乡村旅游，强化服务业，走创业就业发展道路提供了人力资源保障。

三、农家乐服务从业人员的素质要求

素质是人在后天通过环境影响和教育训练所获得的稳定的、长期发挥作用的基本品质结构，包括人的思想、知识、身体、心理品质。应该说，素质是多方面的。农家乐服务的综合性特点决定了从业人员职业素质的多样性。农家乐服务的从业人员应具备的职业素质包括思想品德素质、业务技能和身心素质等。

1. 农家乐服务从业人员的思想品德素质

农家乐服务从业人员的思想品德素质主要包括以下三个方面：

一是“服务、敬业”的职业理念。职业理念的核心是职业价值观，它指导职业行为。只有在旅游职业活动中牢牢树立“服务、敬业”的职业理念，才能在为旅游者提供多种服务项目的过程中理性地站在责任、道德的认识高度承受较大的劳动强度、面对复杂的劳动对象、满足多样的服务要求、应对变化的劳动场景，从而建立起个体职业生涯中的动力系统。

二是“忠诚、乐观”的职业态度。职业态度是个体对职业选择所持的态度，表现在言行上就是态度和蔼、语言文明、礼貌待客、服务周到，体现在职业形象中则为热情、好客、微笑、阳光。

三是“严谨、自律”的职业操守。职业操守是人们在职业活动中所遵守的行为规范的总和。农家乐服务从业人员遵循“严谨、自律”的操守原则，具体就是在服务中做到明理诚信、言行规范、公私分明、遵纪守法，时刻维护旅游消费者的利益，进而维护行业的整体利益和形象。

2. 农家乐服务从业人员的身体和心理素质

农家乐服务从业人员应身体健康、精力充沛、头脑灵活、快乐阳光，不但要做到手脚勤，更要做到耳目明和脑不停。农家乐从业人员要有良好的心理素质，一方面要经得起游客的赞扬而不自我陶醉；另一方面要随时准备承受某些误解、怨言甚至委屈。农家乐从业人员要做到在各种环境中都能保持一种持续的、积极的、良好的心理状态，做到处处为游客提供优质服务，时时保持积极的心态，善于自我调节，能变压力为动力，具备良好的心智。

3. 农家乐服务从业人员的业务技能素养

业务技能素养是指农家乐服务从业人员的专业知识结构、人际交往能力、组织协调能力等方面的能力素养。语言表达能力是农家乐从业人员的基本技能，要讲好普通话，发音准确，词汇生动，表达贴切。农家乐从业人员在整个服务过程中担当着组织者和协调人的角色，必须具备较强的组织和协调能力。农家乐服务对象是游客，游客是具有丰富感情和各种各样心理需要的群体，他们的处事态度、个性特征往往差异很大，为了做好服务工作，需要加强同游客的交流、沟通，以达到相互理解，提高服务质量的目的。农家乐从业人员的人际沟通能力决定了农家乐的知名度和美誉度。

测试题

单项选择题（选择一个正确的答案，将相应的字母填入题内的括号中）

1. “农家乐”是指以乡村（　　）为服务单元，以休闲度假为目的，以体验为手段，以城市游客为目标群体的新型休闲旅游服务产业。

A. 农业家庭　　B. 休闲度假　　C. 体验　　D. 游客

2. 农家乐服务专项职业是指取得国家劳动部门认可的相关（　　），按照农家乐行业的服务规则和服务标准，为城市游客群体提供服务，并获得一定报酬的经济职业行为。

A. 资料　　B. 资质　　C. 材料　　D. 内容

3. 开展以农家乐为形式的新型农业职业开发、培养新型农民，对于提高农村劳动力择业和创业能力、增强农村劳动力就业竞争能力、促进农村（　　）转移、有效增加农民收入，都具有十分重要的作用。

A. 城镇化　　B. 就业岗位　　C. 劳动力　　D. 人口

4.（　　）的快速发展，城市人口规模的扩大，为农家乐和休闲农业的发展提供了市场空间。

A. 城市化　　B. 经济　　C. 农村　　D. 第三产业

5. 2010 年，上海市人均 GDP 已达 11 000 美元，意味着居民的消费（　　）将发生重大改变，休闲消费无疑成为其中的一大亮点，市场潜力巨大。

A. 水平　　B. 结构　　C. 趋势　　D. 需求

6. 我国除带薪休假外，工薪阶层每年享有的法定假日（　　）天，这为城乡居民增加休闲消费创造了重要的外部条件。

A. 114　　B. 112　　C. 116　　D. 118

7. 我国除带薪休假外，工薪阶层每年享有的法定假日 114 天，这为（　　）居民增加休闲消费创造了重要的外部条件。

A. 都市　　B. 城乡　　C. 城镇　　D. 城市

8. 通过发展现代农业和新农村建设，农村的生产、生活正在发生根本改变，为（　　）和乡村旅游的发展提供了有力支撑。

A. 农业　　B. 农家乐　　C. 农村　　D. 农民

9. 城市人群已不满足于传统的游览活动，个性化、人性化、亲情化的休闲、（　　）和度假活动渐成新宠。上海市旅游市场正由观光型向休闲度假型升级。

A. 结伴　　B. 体验　　C. 聚餐　　D. 实践

10. 农村（　　）劳动力的大量增加，为农民依托农业产业、依靠农村自然资源发展农家乐和乡村旅游，强化服务业，走创业就业发展道路提供了人力资源保障。

A. 富余　　B. 青年　　C. 男性　　D. 女性

11. 职业理念的（　　）是职业价值观，它指导职业行为。只有在旅游职业活动中牢牢树立“服务、敬业”的职业理念，才能在为旅游者提供多种服务项目的过程中理性地站在责任、道德的认识高度承受较大的劳动强度、面对复杂的劳动对象、满足多样的服务要求、应对变化的劳动场景，从而建立起个体职业生涯中的动力系统。

A. 目标　　B. 特点　　C. 核心　　D. 中心

12. “（　　）、乐观”的职业态度是个体对职业选择所持的态度，表现在言行上就是态度和蔼、语言文明、礼貌待客、服务周到，体现在职业形象中则为热情、好客、微笑、阳光。

A. 忠诚　　B. 好客　　C. 微笑　　D. 热情

13. 农家乐服务从业人员遵循“严谨、自律”的操守原则，具体就是在服务中做到明理诚信、言行规范、公私（　　）、遵纪守法，时刻维护旅游消费者的利益，进而维护行业的整体利益和形象。

A. 分开　　B. 混合　　C. 严明　　D. 分明

14. 业务技能素养是指农家乐服务从业人员的（　　）结构、人际交往能力、组织协调能力等方面的能力素养。

A. 技能骨干　　B. 专业知识　　C. 掌握知识　　D. 服务对象

15. 语言表达能力是农家乐从业人员的（　　）技能，要讲好普通话，发音准确，词汇生动，表达贴切。

A. 基本　　B. 必要　　C. 首要　　D. 服务

16. 农家乐从业人员在整个服务过程中担当着组织者和（　　）的角色，必须具备较强的组织和协调能力。

A. 安全员　　B. 指挥者　　C. 协调人　　D. 讲解者

17. 为了做好服务工作，需要加强同游客广泛的（　　）、沟通，以达到相互理解，提高服务质量的目的。

A. 交谈　　B. 交流　　C. 谈心　　D. 接触

18. 健康的人，是指躯体健康、（　　）健康和社会适应能力良好三者的完善统一。

A. 身心　　B. 心理　　C. 身体　　D. 思想

19. 农家乐从业人员要有良好的心理素质，一方面要经得起（　　）的赞扬而不自我陶醉；另一方面要随时准备承受某些误解、怨言、委屈。

A. 游客　　B. 领导　　C. 同事　　D. 同行

20. 业务技能素养是指农家乐服务从业人员的专业知识结构、人际交往能力、（　　）协调能力等方面的能力素养。

A. 服务　　B. 办事　　C. 组织　　D. 人际

测试题答案

1. A　2. B　3. C　4. A　5. B　6. A　7. B　8. B　9. B　10. A　11. C　12. A　13. D　14. B　15. A　16. C　17. B　18. B　19. A　20. C

第 2 章

农家乐文化

➢了解农家乐的特色文化和发展

➢掌握农家乐的文化内涵

一、农家乐的起源与发展

1. 农家乐的起源

（1）国外农家乐的起源。在国外农家乐称为“乡村旅游”，起始于19世纪的欧洲。在当时欧洲大陆各国的贵族就已经形成了定期到乡村休闲度假的习惯。1855年，法国参议员欧贝尔带领一群贵族到巴黎郊外的农村度假，向当地人学习制作鹅肝酱馅饼、伐木种树、挖池塘淤泥、学习养蜂，与当地农民同吃住。此后“农家乐”在欧洲悄然兴起。目前在欧美国家，乡村旅游已有相当规模，并已走上了规范化的轨道，显示出极强的生命力和巨大的发展潜力。

（2）我国农家乐的起源。“农家乐”一词在我国由来已久。最早出自南宋爱国诗人陆游之笔。陆游在他的《剑南诗稿》之《岳池农家》中就有“农家农家乐复乐，不比市朝争夺恶”的诗句。但是，“农家乐”真正作为一项旅游产业还是我国改革开放以后的事。在20世纪80年代中后期，由于我国城市化和社会经济的迅速发展，人们的生活水平不断提高，闲暇时间日益增多，大众化的休闲方式逐渐兴起，休闲旅游逐渐成为现代人生活的一部分。在喧嚣的都市，人多拥挤，空气污染，环境质量差，加上生活和工作压力大，人们渴望回归自然，舒展身心。而乡村自然风景优美，绿色景观多，空气新鲜，很适合城里人去休闲旅游。在这个背景下，长期生活在城市的人，在假日里走出闹市，走进乡村，回归大自然，感受乡村文化，体验农家快乐，迅速成为一种时尚，于是“农家乐”这种乡村旅游形式就应运而生。我国四川地处内地，自然环境优越，山水绮丽，农耕文化久远，城市居民自古以来就有休闲的习惯。所以，“农家乐”这种旅游形式最早就在川西平原产生，以后发展到全国。目前“农家乐”这种休闲旅游已经成为我国乡村旅游中最有特色的新型产业，并显示出巨大的潜力和广阔的发展前景。

2. 农家乐的发展

农家乐的发展，对促进农村旅游、调整产业结构、建设区域经济、加快农业市场化进程产生了良好的经济效益。有些地方依托本地农业资源，分片开发出“农家乐”品种系列，像湖南南岳衡山、昆明的团结乡等地的农家乐已逐渐形成了自己的品牌。

农家乐发展起来后，带来的不仅仅是消费收入，还有产品信息、项目信息和市场信息，为当地经济的发展提供了契机。农家乐成为农民了解市场的“窗口”，成为城市与乡村互动的桥梁。各地游客为农村带来了新思想、新观念，使农民及时了解到市场信息，生产经营与市场需求相接轨。开办农家乐的农民经常到旅客中间调查市场需求，然后有针对性地开展生产，有的建起了无公害蔬菜基地，有的则做起了农产品深加工的生意。

相关链接

崇明农家乐的起源与发展

崇明农家乐旅游起始于1999年，同年5月，前卫村的农家乐旅游接待了第一批游客。前卫村地处崇明岛中北部，靠长江北支，离崇明县城20公里。原来是一片芦苇荒滩。早在40多年前，一批前卫人在徐卫国等共产党员带领下，冒风霜雪雨，顶酷暑严寒，筑堤围垦造地，开始了艰苦卓越的创业史，使得昔日“雨落水汪汪，天晴满地霜”的荒滩，建成“村在林中、路在家中、房在园中、人在景中”的花园式生态村庄。1996年获联合国“全球生态500佳”提名奖。前卫村欣欣向荣的社会主义新农村面貌，吸引了一批批上海市区居民前来度假旅游，生态农业旅游成为前卫村新的产业形态。在此基础上，前卫村学习国内外先进经验，发展出农家乐旅游项目，成为上海生态农业旅游农家乐的发源地。2004年7月27日，中共中央总书记、国家主席胡锦涛来到了祖国第三大岛崇明，视察前卫村，勉励前卫村“抓住生态建设这个特色，打好生态发展这张牌”，认为前卫村“农家乐前途无量”。从此，前卫村的农家乐品牌越来越响，蛋糕越做越大。

紧随前卫村的是地处崇明最东端的瀛东村，旅游品牌是“渔家乐”。瀛东村是崇明最早迎来旭日东升的村庄，20世纪80年代初，这里也是一片芦苇荡，1985年起，在村党支部书记陆文忠为首的一班人率领下，全村党员和群众先后两次向荒滩进军，艰苦创业、奋勇拼搏，围垦滩涂达4 200亩，在茫茫荒滩上建立起一个以淡水养殖为主的、生机勃勃的新村庄。瀛东人坚持走可持续发展道路，在生态旅游上做文章，大力发展旅游经济，打出了“渔家乐”生态旅游的品牌。“渔家乐”是指让游客亲自体验渔家生活，感受渔家情趣，当一回渔民的旅游活动，从而满足游客亲近水世界，放松心情和了解渔家文化需要的旅游形式。

在前卫村农家乐、瀛东村渔家乐的影响下，崇明农家乐旅游发展很快。崇明最西端的绿港农家乐、中部地区的高家庄园、外婆家农家乐、老娘舅农家乐等如雨后春笋般涌现出来，大批城里人来到崇明，享受农家乐趣，亲近自然、放松心情，满足了对农耕文化、乡土文化的求知心理。

二、农家乐的特色

农家乐的主要特色是“吃、住、娱”为一体的农家旅游特色项目。

“吃”是指吃地道的农家土菜：讲新鲜，更讲卫生，最好是自种自养自烹调、风味独特的招牌菜。

“住”是指住保持农家的原汁原味房间：砖木结构的庭院，原木原竹的家具，乡土气息的装饰，加上清幽的环境，让游客住得舒心，甚至感受一种隐居桃源的心境。

“娱”是指精心打造、包装一批观赏性强、参与度高的活动项目：体现农村地方民俗文化活动，如婚丧嫁娶、传统节庆等民俗文化展示；亲身体验农事农娱活动，如采茶、摘果、捕鱼、种菜等，让游客在地方文化的熏陶中受到感染，在亲身体验的过程中增长阅历，在农事活动的收获中得到满足，让城里人和年轻人了解农事活动和农耕文化。

相关链接

崇明特色的农家乐

1. 体验农家生活

到崇明去，吃农家饭、住农家屋、干农家活，体验崇明农家生活，可以对崇明人的生存智慧有一个真切的了解。

以前的崇明虽然四面环水，但是水利设施落后，很难种植水稻，所以农民吃的是玉米糁饭、麦糁饭。20 世纪 80 年代后，绝大多数农民已很少吃杂粮，白米饭真正成为家常便饭。近来，人们讲究保健，喜欢吃粗粮了，很多农民又经常吃一点玉米糁饭。平日里，崇明农家吃酱瓜、咸菜，喜欢吃现采现炒的“活杀蔬菜”，有时候，也会杀一只自养的家禽，去浜沟里捉一些鱼、虾、螃蟹做荤菜犒劳自己。亲戚朋友来了，会以特色家乡菜待客，有炒肉瓜（肉丝与酱瓜丝合炒）、酱瓜白扁豆、拌金瓜丝、黄芽菜烧豆腐、面拖蟹、红烧白山羊肉，加上热气腾腾的老白酒。到崇明农家去，和农民一样，喝“老白酒”，尝玉米饭，吃红烧羊肉面拖蟹，其乐无穷。

过去崇明人习惯同族聚居，独宅独水住户多为有血缘的一姓人家。聚族而居，宅沟围起的宅上，居住者世代相传，亲属枝蔓。那宅沟，就如当年的江海，给予居住者一种安全感。独宅独水，在近乎“封闭”的这块土地上，隐喻着居住者的生存心态，寄托着居住者的希望与理想。住宅以南向朝阳居多。房屋布局，常见的有一字形、曲尺形（称为“一转一折”）、U 字形（称为“三厢屋”）、口字形（称为“四厢屋”）、日字形（称为“三进二场心”）。厕所建在住宅东北角或西南角。农家按常例环宅开沟，称“四汀头宅沟”。挖起的泥土正好用来加高宅基。宅前跨沟建桥（有固定的，也有随时可以起落的吊桥），沟边架上木板或石板水桥，用于淘米洗菜和洗衣服。这样，宅沟既可防盗，又可养鱼，又可获得清澄的、源源不断的生活用水。通常沟沿旁植果树和榆树、柳树，宅后种竹，最外层围种株杨（木槿）。20 世纪 80 年代以来，农村大小楼房如雨后春笋出现，传统的农家住屋已经很少见。为了吸引游客，许多农家乐接待点仿照过去农家住屋模样建造房子，现在到崇明去农家乐旅游，可以像过去的崇明人一样，住农家屋，或者去参观传统的农家院落，享农家乐趣。

过去崇明岛内的运输工具是木制的独轮车，一辆独轮车能够装载数百斤货物，车手好比“飞毛腿”，一天能推车行走上百里，车子发出咿咿呀呀的声音，一路伴随着车手。如果运输的货物多，十几辆独轮车一起行走，真是蔚为壮观。居民结婚，新郎新娘一般多坐独轮车，在独轮车上覆盖红布，新人坐车子的一侧，车手要推得平稳，必须有高超的技巧。现在独轮车已经退出了运输舞台，在农家乐旅游点，游客仍然能够看到，也可以一试身手，推着独轮车玩玩，感受当年车手的辛苦劳作。

2. 观光生态农业

崇明农家乐最早发源于前卫村的生态农业旅游。到崇明农家乐旅游，可以直观地认识生态农业。

生态农业建设是一门学问，有其自身的规律。崇明岛又有独特的自然环境、农耕传统。在遵循规律的前提下，崇明人民对生态农业建设进行了创造性的探索实践，前卫村是其中杰出的代表。前卫村有千亩和百亩两块循环农业示范园区，园区内沟浜纵横、鱼儿畅游、芦苇摇曳、绿树成荫、小鸟欢唱，还有金色的稻浪，到前卫村农家乐旅游，可以在两块农业示范区一路慢游，一路享受芳香的气息，心灵得到放飞。前卫村建有 250 亩智能化大棚，这里一年四季满园春色，有机种植的名、特、优瓜果蔬菜及优质的种质资源琳琅满目。智能化大棚采用先进的滴灌和渗滤技术，使用有机肥料和生物农药，到前卫村农家乐旅游，可以在这里品尝到经农业部食品质量监督检验测试中心检验、23 项指标全部符合有机食品标准的申农牌水果黄瓜和情生牌有机樱桃番茄。在瓜果艺术种植观赏园里，游客可以观赏崇明特色南瓜、黄瓜、西葫芦、迷你番茄、七彩甜椒、网络瓜及台湾蓝莓。走进果蔬采摘园，从藤上摘下碧绿的水果黄瓜，咬一口清脆香嫩，令人叫爽。走进玫瑰葡萄园和番茄采摘园，那些晶莹剔透的葡萄和樱桃番茄，芳香醉人，令人垂涎欲滴。走进芳香植物试验馆，游客可以亲手操作精油的提成，还可以品尝芳香植物茶水，享受那沁人心脾、芳香四溢的感觉。前卫村现代农业园区集生态农业之大成，春赏花开花落，夏品时鲜瓜果，秋观景色稻浪，冬观候鸟尝毛蟹，一年四季都可以从不同的角度认识生态农业。

前卫村已经拥有全国首座兆瓦级商业运行并网式太阳能屋顶光伏发电站，目前正在建设20 000千瓦的风电工程。拥有农业废弃物资源综合利用的沼气站，日产沼气2 000立方米，并且拥有以沼气为燃料的发电站工程。还有即将投入运行的60千瓦秸秆气化发电及生物质成形项目，20 000平方米的地源热泵中央空调工程。生态科技为生态农业注入了新的元素，这些新元素已经融入了前卫村村民的日常生活，造福了千家万户。在前卫村农家乐，游客可以旅游中长见识、增知识，对现代化生态农业有一个全新的认识。

3. 领略民情风俗

地处海岛的崇明，在1 300多年沧海桑田和农耕文化演变历史中，形成了不同于其他地方的民俗风情，到崇明农家乐旅游，可以领略海岛先人的生活方式变迁和生产力的发展。

一座浓缩史前农耕时代沙地文化的瀛洲古村——瀛农古风园，占地8 000平方米。在这里，可以看到崇明农民在唐朝时“结庐拓荒”、宋元时“渔盐兴盛”、明清时“田园耕织”的生活和生产的情景，追溯崇明的起源，探寻先民的足迹。在“瀛农古风”展区，游客可以看到具有400余年的历史，驰名全国远销海外的崇明老布的织布机房，感受农家织女的织机声彻夜相应“一朵棉花做到头”的美好情景。在瀛农古风园，体会一下海岛农家生活更有情趣：推石磨、摇水车、踩高跷、推铁环、打砖板、推独轮车、弹棉花、纺纱织布。还可抛球择婿坐上花轿当上一回临时的农村新郎官。走进古朴典雅、具有明清建筑风格的古瀛饭庄，可以看到这个三进二场心式样的瀛洲豪宅红灯高挂、飞燕绕梁，仿佛看到古人在此舞文弄墨，吟诗作画。崇明先人四世同堂的情怀追求和崇尚耕读的遗风扑面而来，沙地文化的幽幽韵味荡漾心中。

4. 享受休闲乐趣

到瀛东村渔家乐乐园，游客可以做一日渔民，尽情享受休闲乐趣。在高空鸟瞰赢东村，这个“水乡泽国”，鳞次栉比的鱼塘一块块、一排排像明镜一样在阳光下闪亮；如若站立村中，小出百步，便见碧波粼粼、水光连天。村民务农兼渔，做大了水上文章，凸显了渔家情趣。这里，挑选了一批条件优越的渔家专门为游客服务，开辟了专供游客活动的鱼塘，准备了钓、叉、攀、捉鱼等多种形式的捕鱼工具及表演项目，建造了鱼（游）舫，游客可观赏或亲身参与渔家捕鱼活动，分享渔家乐趣。赢东村的东湖拥有数百亩天然水域，水面面积250亩，岸边垂柳轻拂，湖中绿漪涟涟，风光秀丽，令人陶醉。湖中饲养着大量的青鱼、鲢鱼、鳊鱼、鲫鱼、鲤鱼，还有兴国红鲤、日本锦鲤、美国叉尾鱼等名贵鱼种，成为休闲垂钓的理想之地。伴着鸟语清风，在宽广的湖面上抛竿垂纶，实在是一种美妙的享受。由于湖里的鱼儿特别多，所以钓技再差的人也不会空手而归。每当从湖中钓起一条大鱼甩落在草地上，鱼儿劈劈啪啪地不停翻跃，垂钓者心里一定会乐不可支。这里还辟有钓虾区和钓蟹区，游客可以凭各自兴趣钓钓老毛蟹、老柴虾，尽收“渔翁之利”。

除了垂钓以外，东湖里的游乐项目还有各种水上活动。你可以和三五好友一起玩脚踏船，在飞溅的浪花中放飞心情；也可以划划上海地区最古老的沙船，荡起双桨，逍遥自在；也可以坐在水上棋牌室里，喝茶聊天，打牌休憩，观赏周边如画的景色，同样其乐融融。

三、农家乐的文化内涵

1. 生态建设

前卫村、瀛东村等生态建设的成功典型，为生态岛建设起到了很好的示范与辐射作用。如今旅游已经成为广大城乡居民日常生活中重要的一种娱乐休闲方式，以前卫村农家乐、瀛东村渔家乐为代表的农家乐旅游，由于其丰富的生态内涵，吸引了大批游客。随着农家乐旅游向各区域深度和广度的拓展，各种具有生态特色代表性的农家乐，赢得了广大游客的赞誉，引导着都市人回归自然、享受自然，同时，农家乐的生态理念也随着南来北往的人流传播到了四面八方。这对于打响各地生态品牌具有重要价值。

2. 创新发展

农家乐发展起来后，带来的不仅仅是消费收入，还有产品信息、项目信息和市场信息，能够为各地经济的发展提供新的契机。农家乐成为农民了解市场的“窗口”，成为城市与农村互动的桥梁。各地游客为农村带来了新思想、新观念，使农民及时了解到市场信息，为生产经营与市场需求相接轨创造条件。农家乐的发展，对促进各地的旅游事业、调整产业结构、建设区域经济、加快农业市场化进程发挥了积极作用，产生了良好的经济效益，将逐步发展成为各地农村经济的战略性产业。

相关链接

崇明人的垦拓精神

1 300 多年来，崇明的农民生活在远隔陆地文明的沙地，在这里，人们面对着更加艰辛的生存环境。在漫长的生活道路上，崇明人形成了特有的传统文化。农家乐是传承崇明传统文化、弘扬崇明传统文化的最好载体。

崇明因水而生，也为水所困。如果没有长江冲积下来的泥沙，这个岛就不会出现。因此，崇明岛的历史是一部不断围垦、不断拓荒的历史，开垦拓荒，围海造田，崇明人在与大自然的搏斗中锤炼出独有的秉性特征，蕴含着不畏艰险、顽强拼搏，艰苦创业的精神内涵，无论是前卫村农家乐还是瀛东村渔家乐，都非常明显地体现了这种精神。千百年来，相对封闭的自然环境，形成了善良朴实、与邻为友的淳朴民风和优良传统，形成了讲信用、重信誉的传统美德，到崇明农家乐旅游，可以非常明显地体验到崇明农家的品格。

测试题

单项选择题（选择一个正确的答案，将相应的字母填入题内的括号中）

1. 崇明（　　）旅游起始于1999年，同年5月，前卫村的农家乐旅游接待了第一批游客。

A. 农家乐　　B. 休闲　　C. 观光　　D. 生态

2. 崇明农家乐旅游起始于（　　）年，同年5月，前卫村的农家乐旅游接待了第一批游客。

A. 1997　　B. 1998　　C. 1999　　D. 2000

3. 2004年7月27日，中共中央总书记、国家主席胡锦涛来到祖国第三大岛崇明，视察前卫村，勉励前卫村“抓住生态建设这个（　　），打好生态发展这张牌”，认为前卫村“农家乐前途无量”。

A. 特色　　B. 特点　　C. 特长　　D. 方向

4. 2004年7月27日，中共中央总书记、国家主席胡锦涛来到祖国第三大岛崇明，视察前卫村，勉励前卫村“抓住生态建设这个特色，打好生态发展这张牌”，认为前卫村“农家乐（　　）”。

A. 积聚力量　　B. 前途光明　　C. 大有前途　　D. 前途无量

5. 地处崇明最东端的（　　）的旅游品牌是“渔家乐”。

A. 瀛东村　　B. 高家庄园　　C. 森林公园　　D. 西沙风情

6. 到（　　）去，吃农家饭、住农家屋、干农家活，体验崇明农家生活，可以对崇明人的生存智慧有一个真切的了解。

A. 崇明　　B. 前卫村　　C. 瀛东村　　D. 绿港村

7. 到崇明去，吃农家（　　）、住农家屋、干农家活，体验崇明农家生活，可以对崇明人的生存智慧有一个真切的了解。

A. 菜　　B. 饭　　C. 茶　　D. 粗粮

8. 到崇明去，吃农家饭、住农家屋、干农家活，体验崇明（　　）生活，可以对崇明人的生存智慧有一个真切的了解。

A. 生态　　B. 海岛　　C. 农民　　D. 农家

9. 前卫村观光生态农业有千亩和百亩两块循环农业示范区、250亩（　　）大棚、拥有农业废弃物资源综合利用沼气站和即将投入运营的60千瓦秸秆气化发电及生物质成形项目。

A. 设施　　B. 智能化　　C. 标准化　　D. 简单化

10. 前卫村观光生态农业有千亩和百亩两块循环农业示范区、250 亩智能化大棚、拥有农业废弃物资源综合利用沼气站和即将投入运营的 60 千瓦（　　）气化发电及生物质成形项目。

A. 废弃物　　B. 蓄粪　　C. 垃圾　　D. 秸秆

11. 地处（　　）的崇明，在 1 300 多年沧海桑田和农耕文化演变历史中，形成了不同于其他地方的民俗风情，到崇明农家乐旅游，可以领略海岛先人的生活方式变迁和生产力的发展。

A. 海岛　　B. 上海　　C. 上海后花园　　D. 长江口

12. 地处海岛的崇明，在 1 300 多年沧海桑田和农耕文化演变历史中，形成了不同于其他地方的民俗（　　），到崇明农家乐旅游，可以领略海岛先人的生活方式变迁和生产力的发展。

A. 特色　　B. 风格　　C. 风情　　D. 情趣

13. 到（　　）渔家乐乐园，游客可以做一日渔民，尽情享受休闲乐趣。

A. 瀛东村　　B. 陈家镇　　C. 奚家港　　D. 渔业村

14. 到瀛东村渔家乐乐园，游客可以做一日渔民，尽情享受（　　）乐趣。

A. 抓鱼　　B. 钓鱼　　C. 船工　　D. 休闲

15. 崇明涌现出了如前卫村、瀛东村等不少（　　）的成功典型，它们以其直观、生动的特点，为崇明生态岛建设起到了很好的示范与辐射作用。

A. 生态建设　　B. 乡村旅游　　C. 经济发展　　D. 全面发展

16. 崇明涌现出了如前卫村、瀛东村等不少生态建设的成功典型，它们以其直观、生动的特点，为崇明生态岛建设起到了很好的（　　）与辐射作用。

A. 指导　　B. 引领　　C. 示范　　D. 带头

17. 农家乐成为农民（　　）的“窗口”，成为城市与崇明农村互动的桥梁。各地游客为农村带来了新思想、新观念，使农民及时了解到市场信息，为生产经营与市场需求相接轨创造条件。

A. 了解市场　　B. 精神文明　　C. 接待旅游　　D. 接待游客

18. 农家乐成为农民了解市场的“窗口”，成为城市与崇明农村（　　）的桥梁。各地游客为农村带来了新思想、新观念，使农民及时了解到市场信息，为生产经营与市场需求相接轨创造条件。

A. 联系　　B. 共建　　C. 互动　　D. 友谊

19. 崇明岛的历史是一部不断围垦、不断拓荒的历史，开垦拓荒，围海造田，崇明人在与大自然的搏斗中锤炼出独有的秉性特征，蕴含着（　　）、顽强拼搏，艰苦创业的精神内涵，无论是前卫村农家乐还是瀛东村渔家乐，都非常明显地体现了这种精神。

A. 不畏艰险　　B. 不怕吃苦　　C. 勇往直前　　D. 敢为人先

20. 崇明岛的历史是一部不断围垦、不断拓荒的历史，开垦拓荒，围海造田，崇明人在与大自然的搏斗中锤炼出独有的秉性特征，蕴含着不畏艰险、顽强拼搏，（　　）的精神内涵，无论是前卫村农家乐还是瀛东村渔家乐，都非常明显地体现了这种精神。

A. 艰苦奋斗　　B. 团结治水　　C. 艰苦创业　　D. 同甘共苦

测试题答案

1. A　2. C　3. A　4. D　5. A　6. B　7. B　8. D　9. B　10. D　11. A　12. C　13. A　14. D　15. A　16. C　17. A　18. C　19. A　20. C

第3章

农家乐服务语言

第 1 节　用语规范

学习目标

➢ 了解农家乐服务的标准用语

➢ 掌握普通话基本知识

➢ 能够熟练运用 10 字文明用语

知识要求

一、农家乐服务标准用语

1. 用语的选用

普通话是现代汉民族的共同语言，也是全国各族人民进行交流合作的语言。我国宪法规定“国家推广全国通用的普通话”。学会使用普通话表达能提高服务质量。从游客来说，一个相对无障碍的语言环境是他们能玩得尽兴的基本条件之一；从服务员自身来讲，能用较为流利的普通话为游客提供各种礼貌服务，与顾客进行及时的交流，是保证良好服务质量的关键。因此，作为一名农家乐服务员，学会如何用普通话来表达接待服务中的礼貌服务用语势在必行。农家乐接待服务需要熟练掌握运用普通话，流利地与游客进行交流，这些是作为一名农家乐服务员必须具备的基本素质。

2. 普通话的表达基本知识

要想学会用普通话来正确表述和与人交流，就应对普通话的一些基本发音有所了解。普通话中一个字的发音由声母、韵母、声调三部分组成。它与上海方言的声母、韵母、声调不完全相同。下面简单介绍普通话的声母、韵母、声调。

（1）声母。声母包括以下几种：

b p m f d t n l g k h j q x zh ch sh r z c s y w

普通话中的 zh、ch、sh 和 r 这几个声母因为发音时舌头需往上卷起，而有些方言中又没有这种发音方法，所以训练起来有一定难度。zh、ch、sh 这三个声母发音时，应把舌尖翘起，卷至上牙龈微里一点的地方（硬腭前部），所以称为翘舌音。

例如，上海市崇明 shàng hǎi shì chóng míng　商场 shāng chǎng　吃饭 chī fàn

学会如何发翘舌音很重要，因为普通话里有很多由于发平舌音或翘舌音而形成的不同的词语，如果发音不准确，很容易造成沟通上的不理解和误会，见表 3—1。

表 3—1　　平舌音和翘舌音

平舌音		翘舌音	
资源	zī yuán	支援	zhī yuán
四季	sì jì	世纪	shì jì
综合	zong he	中和	zhong he
次	ci	吃	chi
桑海	Sang hai	上海	Shang hai

r 的发音方法和 zh、ch、sh 差不多，区别就在于它发音时，舌尖卷起来时尽量不要接触到硬腭，中间留一条小缝。

例如，天然 tiān rán　　打扰 dǎ rǎo　　热烈 rè liè　　日期 rì qī　　人们 rén men　　入口 rù kǒu　　如果 rú guǒ　　认识 rèn shí

普通话中声母是 r 的字不多，因此记忆起来并不困难，只要把方言中的发音和普通话中发音相对应起来，然后再稍加记忆就可以了。

（2）韵母。韵母包括以下几种：

a o e i u ü ai ei ui ao ou iu ie üe er an en in un ang eng ing ong

有些方言中的韵母发音和普通话的韵母发音也有一些区别，因此，需要注意几个问题。

1）发音时的漏音问题是指发音时把音漏掉，读不完整。

例如，普通话：买 mǎi　　泰 tài

上海话：买 ma　　泰 ta

造成这种漏音现象的原因之一是上海方言发音时口形较小，而普通话发音时则要求口腔打开，要有口形，因此在训练时，一定要多注意自己的口形。

2）发音时的鼻音问题。普通话中，以－n 收尾的叫前鼻音，以－ng 收尾的叫后鼻音，但是由于上海方言中是没有后鼻音的，所以，要分清前后鼻音，相当困难，作一下简单介绍，见表 3—2。

表 3—2　　前鼻韵母和后鼻韵母

前鼻韵母（5 个）	n	en	in	un	ün
后鼻韵母（4 个）	ang	eng	ing	ong	

要分清前后鼻音，就要了解它们的发音方法。

3）前鼻音－n，发音时舌尖顶住上牙齿里面的牙龈，上下牙齿稍稍分开，口腔打开比较小。

如：门 mén 申 shēn

4）后鼻音－ng，发音时舌头往后缩，上下牙齿距离稍远，口腔打开稍大。

如：生 shēng 名 míng

和平翘舌音一样，如果发音不到位，也会容易造成词义理解上的困难和误会。

如：清真 qīng zhēn——清蒸 qīng zhēng 人民 rén mín—— 人名 rén míng

（3）声调。普通话的声调有四种：第一声、第二声、第三声和第四声。由于有些方言发音时往往很短促，所以很难分清声调，因此在练习普通话声调时一定要稍稍延长发音，把每个声调都念足。

（4）词汇和语法。大概地了解普通话的声母、韵母、声调等一些知识之后，还有一个方面也不能忽视，而且这个方面在正确表述语意中起了极其重要的作用，那就是词汇、语法部分。

如何才能让游客真正明白服务人员的意思，同时让服务人员做到真正的礼貌服务，选用贴切的、正确的词汇和语法是相当重要的。因此，要随时留心用普通话的词汇替换相应的方言词语，严格按照普通话的要求改变自己的语言习惯。

相关链接

普通话和上海方言的区别见表 3—3。

表 3—3 普通话和上海方言区别

普通话	上海方言	普通话	上海方言
你、您	侬	蚕豆	寒豆
你们	拿	一会儿	一歇歇
他、她、它	伊	晚上	夜里
很、多	交关、蛮	舒服	适意、写意
晚饭	夜饭	玩	白相
一个人	一家头	傍晚	夜快头
喝茶	吃茶	价钱	价钿
豌豆	小寒豆	喜欢	欢喜

相关链接

上海方言和普通话语句表达上的差别

【案例】小杨是位前台接待员，一天，一位从北方来的老先生来登记入住，小杨在接待的时候，想要拉近与顾客之间的距离，让老先生有宾至如归的感觉，于是很有礼貌地微笑着问老先生："老先生，你有几岁了？"谁知老先生听到后很生气，而小杨却百思不得其解，不知自己错在哪儿。其实，小杨错在那句问候语上，上海方言中，无论老少，都可问对方"几岁了"，但在普通话中，"几岁"通常都是用来询问小孩年龄的，而这位北方来的老先生不知道上海地方的风俗，以为是小杨对自己的不尊重。其实在普通话中，询问长者的年龄，一般应该说"您多大岁数了？"或"您老高寿？"等。由此可见，选用正确的、贴切的日常问候语在服务过程中相当重要。

二、礼貌用语

礼仪、礼貌是人们在频繁的交往中彼此表示尊重与友好的行为规范。而礼貌用语则是尊重他人的具体表现，是友好关系的敲门砖。中国曾有"君子不失色于人，不失口于人"的古训。礼貌待人，使用礼貌语言，是中华民族的传统美德。

在服务礼貌用语中要做到以下几点，见表3—4。

表3—4　　服务礼貌用语要点

三轻	走路轻、说话轻、动作轻
三不计较	不计较游客不美的语言；不计较游客急躁的态度；不计较个别游客无理的要求
四勤	嘴勤、眼勤、腿勤、手勤
四不讲	不讲粗话；不讲脏话；不讲讽刺话；不讲与服务无关的话
五声	客来有迎声；客问有答声；工作失误道歉声；受到帮助致谢声；游客走时有送声

农家乐服务过程中规范使用礼貌用语，体现了农家乐接待方的文明素质、服务人员的礼貌程度，能给游客留下宾至如归的美好印象。

常用礼貌服务用语见表3—5。

表3—5　　常用礼貌服务用语

10字文明用语	招呼礼貌用语	服务用语	道别用语
"您好""请" "谢谢" "对不起" "再见"	您好，欢迎您的光临 请您跟我来 请稍等，我马上为您安排 让您久等了，里面请 ……	欢迎、欢迎您、您好！ 谢谢、谢谢您 请您稍候 请您稍等一下 ……	请慢走，再见 欢迎您再次光临 您慢走 欢迎您下次再来 ……

第 2 节　语言艺术

学习目标

➢ 了解语言表达的五种方法

➢ 了解服务中禁用语言

➢ 掌握服务中的讲解和解答技巧

➢ 能够熟练运用服务中的处置艺术

知识要求

一、表达形式

农家乐服务员除了要向游客提供用餐和住宿服务，一定程度上还要向游客提供旅游景点讲解服务。农家乐活动中有鲜明特色的旅游景点和旅游项目，都需要服务员具有一定的语言表达能力向游客进行讲解，并运用灵活多样的表达形式表现出来。

1. 陈述法

陈述法是根据游览景物的顺序，按所述事件的来龙去脉进行系统讲解的一种方法，其特点是平铺直叙，起伏较小，是景点讲解中使用最广泛的方法之一。

2. 问答法

问答法是在讲解过程中通过向游客提问题并进行解答来传播知识的一种讲解方法。问答法能吸引游客的注意力，激发游客的愉悦心理，加深游客的游览记忆。如在农家乐活动中，对一些农业知识、风俗习惯等就可以采用问答法来加以表述。问答法有自问自答、客问我答、我问客答三种方法。

3. 知识渗透法

知识渗透法是在讲解景物或事理时，适当介绍一些相关的背景知识材料，如在介绍前卫生态村的循环生态链时，就可将生态链的科学原理向游客简单介绍，又如在介绍农作物的时候，便可将其生长习性、规律等相关知识介绍给游客。

4. 数字法

使用数字可增加景物的可信度，使游客有更直观的认识。同时运用数字对景观作形象的介绍，也是农家游乐服务员较容易掌握的讲解方法之一，对所涉及的景物如大、长短、年代、面积、多少、种类等，都可以用数字加以准确的表述。使用数字法的时候还要注重“巧用”，而不是机械地“套用”。

5. 重点法

接待人员在讲解中要避免面面俱到，而应重点突出，详细得当，在有限的时间里给游客最深的感受和印象。使用重点法的时候主要突出有代表性的景物，突出与众不同的地方，突出游客最感兴趣的内容。如突出介绍有特色的农家旅游活动项目。

二、讲解技巧

农家乐服务人员在讲解时的语言介绍是让陈列说话的主体媒介，是沟通观众心灵的桥梁，也是使服务人员与观众产生情感交流、传递知识的重要载体。讲解专业的本质是创造性地输出和给予。景点讲解是服务人员的重头戏，也是游客较为看好的旅游产品之一，所以讲解语言要摒弃讲解词的书面表达方式，要口语化，要研究观众对象，讲解方式和方法上要更灵活，让讲解语言不断变化，话题不断拓展，内容越来越丰富。掌握讲解技巧是服务人员讲解水平提高发展的重要环节，它在新服务人员—普通服务人员—优秀服务人员的转化过程中起着重要的推动作用。

1. 讲解词的掌握技巧

讲解词是讲解与展品的结合，是对陈列语言的注释、补充和延伸，是再创造即综合处理的过程。

讲解词的掌握要确立总体基调及各部分的表达方式。如为了表达内容而确立的基本调子是悲壮、高昂、还是轻松明快。讲解纪念馆外部建筑时应做到深沉平稳。表达方法也应有轻重缓急、断连疏密、刚柔扬抑。

在景点讲解中，服务人员头脑里要不断设置各类观众，要有明确的对象感，根据不同对象和文化层次，因人而异地选择好讲解内容。在运用讲解技巧上也是如此，比如对一般的游客，服务人员可多一些问答法、借用故事法等，而对层次较高的游客可运用画龙点睛法、巧妙穿插法等。

2. 讲解的表达技巧

讲解时要对声音进行艺术处理，做到悦耳亲切。讲解时的表达技巧主要是要求服务人员有正确的语调、重音、节奏、吐字归音。

讲解语调不同于基调，语调是通过有声语言表达的实践，主要有以下几种：①平直调。用于叙述性的讲解。包括纪念馆的外部建筑、建筑风格等。②高升调。前低后高，用于惊叹、命令、疑问、感动、号召、反问、设问。③降抑调。前高后低，用于感叹、乞求、请求、肯定，慎重而严肃。

讲解重音是讲解时需点明的词。讲解过程可以通过以下几种方法实现：①增强音量。②加强声音力度。③要夸大字音的调值。④重音落在不同的词上，语意也随之改变。

讲解节奏主要由讲解内容来决定，要有意识地处理，要看观众对象、年龄、兴趣、逗留时间、对内容的要求，可伸可缩，可繁可简。

吐字归音就是要求服务人员在讲解过程中做到出字讲型，归韵讲位，收音讲势。

3. 讲解的现场技巧

（1）讲解时的位置。服务人员在讲解前，首先要有意识地“占领”最佳位置，面向游客面带笑容，既不要距游客太近，也不要离游客太远，大约离游客 1 米即可。服务人员的语音大小、高低要根据当时的环境而定，手势的幅度不要过大，讲解的景点空间距离跨越也不要过大。

（2）讲解时的态势。态势包括服务人员的精神、气质、风度、姿态、举止和穿着服饰等。要精神饱满、大方庄重、亲切自然。另外要适当利用表情和态势语。例如，向游客投以热情、诚恳的目光，游客就会乐于倾听，会使他们感受到服务人员温暖如春的友好气氛。还可以细心地捕捉游客的眼神，“窥探”他们所做出的反应，在目光碰撞的瞬间，寻求一种情感的共鸣与交融。

（3）实际讲解的对策。面对不愿听讲解的游客时，服务人员首先要控制好自己的情绪并分析原因，然后根据具体情况解决问题。例如有时是游客身体累了，这时服务人员就应该给游客一定的休息时间，自己也不要多讲解介绍。有时游客正在忙于个人的事务以及考虑自己的问题时，服务人员也不要去打扰他们。如果是讲解水平太一般，游客提不起兴趣，那服务人员就应该及时调整讲解内容，既突出重点，又不啰啰嗦嗦，努力把导游词讲出新意和特色，以此来引发游客的联想和兴趣。

面对打扰讲解的游客时，服务人员最好冷静，不妨先让那位游客暂时作为一名“服务人员”。游客讲解的不好也没关系，在他讲解完后，要尽量肯定和赞赏游客讲得好，讲得合理和有特色的部分。如果游客讲解得确实精彩，那么，服务人员就要放下架子好好向人家学习。必须注意的是：服务人员切忌不能让游客反客为主，让游客临时讲解一下景点内容目的是在于调节一下气氛，而绝不是被个别游客牵着鼻子走，更不能让其控制整个团队。

当服务人员所宣传讲解的观点和内容与游客持有的观点发生矛盾和分歧时，服务人员也不要和游客争论，更不能发生争吵，而是在求同存异的基础上，个别、友好地与其交流、探讨，相互取长补短。

总之，讲解工作是一项需要专业技术的工作，同时也是一项复杂的艺术工程。服务人员只有不断提高自身修养，在充分熟悉理解讲解词的基础上，有效运用讲解技巧，使讲解工作真正做到驾轻就熟、厚积薄发，逐步形成自己的讲解风格。

三、解答技巧

1.“五声”和“四语”

俗语说“一句话使人笑，一句话使人跳”，农家乐服务接待人员要做到谈吐文明，语气和善，要根据不同的对象，自觉使用礼貌用语。因此在与游客交谈时，解答游客的提问时要做到使用“五声”：游客来店有迎客声、遇到游客时有称呼声、受人帮助有致谢声、麻烦游客有道歉声、游客离店有送客声。同时要杜绝使用“四语”，即蔑视语、烦躁语、否定语和斗气语。还要做到不讲有损游客自尊心的话，不与游客争辩。不使用粗俗的言语与游客交谈，不要让语音高于游客的声音。

2. 解答仪态和用语

(1) 注意说话时的仪态。与游客对话时，首先要面带微笑地倾听，眼光要注视游客，为了表示对游客的尊重，一般应站立说话。

(2) 注意选择词语。由于词语选择不同，往往会给游客以不同的感受。如“请往那边去”，使游客听起来觉得有礼貌。如把“请”字省去了，变成了“往那边去”语气上就变生硬了，游客听了就不舒服。另外，在农家乐服务中要特别注意选择文明的词语，如用“几位”代替“几个人”，用“贵姓”代替“你叫什么”，用“卫生间”代替“茅坑”，用“让您破费了”代替“按规定罚款”，用“这是您的账单”代替“请你付钱”等。

(3) 注意说话简练，中心突出。服务热情并不能简单理解为话多。话过多、过长容易使游客产生啰唆、厌烦的感觉，这就需要服务员用简练的语言去交流，中心要突出。

四、处置艺术

1. 劝服的语言艺术

在接待服务过程中，经常会有意想不到的变化和事件发生，需要接待服务人员进行劝服。劝服首先要了解游客的意见，其次要讲明道理，最后劝服要讲究方式方法。如果有的游客在果园采摘果实时有随地扔水果的行为出现，接待服务人员可以微笑着说：“有些游客可能觉得这些橘子个头小，那您还让是它继续生长，过段时间您再来，一定会让您爱不释手。”劝服方法主要有迂回式和鼓动式。

2. 拒绝的语言艺术

在接待服务过程中，游客会提出各种各样的要求，有些要求是可以满足的，有些则是不能满足的。如果拒绝处理不当，会使游客觉得难堪，甚至损伤其自尊。因此，在拒绝的时候要做到坦诚、委婉。不应该直截了当地说“不”“不可能”“没有”之类的词。如有的游客不了解一些特色菜点原材料的时令季节而点了这些菜，作为接待服务人员要进行适当的解释，而不能生硬地拒绝。拒绝的方法主要有坦诚式和婉转式。

3. 道歉的语言艺术

服务过程出现的意想不到的差错会引起游客的不满与不快，这些现象在游客的用餐和游览过程中尤为突出。这时接待服务人员要用真诚的言语主动向游客道歉，求得游客的谅解，缓和矛盾。道歉分直接道歉和间接道歉两种。

4. 提醒的语言艺术

游客的个性各不相同，如有的不拘小节，性格外向，常常会有一些损害到其他游客利益和影响接待工作开展的行为出现，针对这些游客，接待服务人员要在语言上适时巧妙地加以提醒。如在农家中用餐，有些游客感觉不像在酒店，时间约束相对少了一些，常常用餐到很晚，这时接待服务可以巧妙地说“农家的菜肴一定让大家觉得特有滋味，但是你们明天还有更精彩的旅游活动，大家早点休息，可以调整好精神状态”。提醒主要采用委婉式和协商式的方法。

五、服务禁语

俗话说：“良言一句三冬暖，恶语伤人六月寒。”礼貌用语在农家乐接待服务中起着非常重要的作用。同样，一些服务中的禁语也能够起到相反的作用。

农家乐服务中一般有下列禁语：

不知道

有意见找领导去

这是规定，就不行

刚才不是和你说过了吗，怎么还问

你问我，我问谁

你有没有搞错

我解决不了

我就这态度，你管得着吗

有完没完，真烦人……

测试题

一、单项选择题（选择一个正确的答案，将相应的字母填入题内的括号中）

1. 我国（　　）规定“国家推广全国通用的普通话”。学会使用普通话表达能提高服务质量。

A. 宪法　　B. 教育部　　C. 法律　　D. 语法

2. 普通话中一个字的发音由三部分组成：（　　）、韵母、声调。

A. 翘舌音　　B. 声母　　C. 平舌音　　D. 鼻音

3. 服务人员做到真正的（　　）服务，选用贴切的、正确的词汇和语法是相当重要的。

A. 文明　　B. 礼貌　　C. 周到　　D. 热情

4. 普通话里的“点心”是指（　　）的一些茶点，通常是下午两、三点之间，也就是上海方言中的“小点心”之意。

A. 正餐时　　B. 正餐外　　C. 用餐时　　D. 用餐外

5.（　　）地区的人见面打招呼，习惯用的话是“饭吃了?”“到哪里去?”“干什么去?”等，是一种习惯性的、想拉近距离的问候。但在普通话中，一般用“您好”或“你好”两个字表示问题。在有些人看来，上海这种习惯性的问候语是不礼貌的。

A. 上海　　B. 崇明　　C. 青浦　　D. 奉贤

6. 全国通行的10字（　　）用语是“您好”“请”“谢谢”“对不起”“再见”。这是农家乐接待服务员必须掌握的基本用语。

A. 文明　　B. 经常　　C. 招呼　　D. 习惯

7. 招呼礼貌（　　）：您好，欢迎您的光临；请您跟我来；请稍等，我马上为您安排；让您久等了，里面请。

A. 礼节　　B. 用语　　C. 接待　　D. 送客

8. 您是否品尝一下我们的特色菜。您如果（　　）的话，我向您推荐一道。

A. 想要　　B. 需要　　C. 不介意　　D. 想吃

9.（　　）礼貌用语：请慢走，再见。欢迎您再次光临。希望您对我们的工作多提宝贵意见。欢迎您下次再来。

A. 道别　　B. 送客　　C. 文明　　D. 礼节

10.（　　）是根据游览景物的顺序，按所述事件的来龙去脉进行系统讲解的一种方法，其特点是平铺直叙，起伏较小，是景点讲解中使用最广泛的方法之一。

A. 陈述法　　B. 知识渗透法　　C. 数字法　　D. 问题法

11. 问答法是在讲解过程中通过向游客提问题并进行解答来传播知识的一种讲解方法。问答法能吸引游客的（　　），激发游客的愉悦心理，加深游客的游览记忆。

A. 观察力　　B. 注意力　　C. 好感　　D. 观赏

12. 知识渗透法是在（　　）景物或事理时，适当介绍一些相当的背景知识材料。

A. 碰到　　B. 讲解　　C. 遇到　　D. 了解

13. 运用数字对（　　）作形象的介绍，也是农家游乐接待服务员较容易掌握的讲解方法之一。

A. 事物　　B. 景观　　C. 物体　　D. 作品

14. 使用重点法的时候主要突出有（　　）的景物，突出与众不同的地方，突出游客最感兴趣的内容。

A. 吸引力　　B. 代表性　　C. 时代性　　D. 历史意义

15. 讲解词是讲解与展品的结合，是对陈列语言的注释、补充和延伸，是（　　）即综合处理的过程。

A. 提高素质　　B. 不断提高　　C. 再学习　　D. 再创造

16. 讲解时要对声音进行（　　）处理，做到悦耳亲切。讲解时的表达技巧主要是要求服务人员有正确的语调、重音、节奏、吐字归音。

A. 艺术　　B. 认真　　C. 及时　　D. 掌握好

17. 讲解的（　　）技巧应掌握三个环节：讲解时的位置、讲解时的态势、实际讲解的对策。

A. 现场　　B. 接待　　C. 服务　　D. 表达

18. “五声”即游客来店有（　　）、遇到游客时有称呼声、受人帮助有致谢声、麻烦游客有道歉声、游客离店有送客声；同时要杜绝使用“四语”，即蔑视语、烦躁语、否定语和斗气语。

A. 迎客声　　B. 招呼声　　C. 道谢声　　D. 客气声

19. 与游客对话时，首先要面带微笑地（　　），眼光要注视游客，为了表示对游客的尊重，一般应站立说话。

A. 对话　　B. 倾听　　C. 解释　　D. 讲话

20. 在接待服务过程中，经常会有意想不到的变化和事件发生，需要接待服务员进行（　　）。劝服方法主要有迂回式和鼓动式。

A. 劝说　　B. 劝服　　C. 劝阻　　D. 说服

21. 接待服务员在服务过程中要进行适当的解释，而不能生硬地拒绝。拒绝的方法主要有（　　）和婉转式。

A. 沟通式　　B. 诚信式　　C. 坦诚式　　D. 避开式

二、技能测试题

1. 问候语和告别语的使用

(1) 操作内容

1) 请模拟客人到达农家乐接待中心时，服务人员该如何使用问候语。

2) 请模拟向客人道别时，服务人员该如何使用告别语。

(2) 操作要求

1) 注意说话时的姿态与表情。

2) 使用普通话。

3) 答题内容符合要求，合乎情理。

4) 在规定的时间内完成答题。

2. 朗读短文（文字材料：三抽一）

文章一——农家乐服务的开发意义

引导农村劳动力有序转移和稳定就业，加强农村实用人才队伍建设，是全面建设小康社会的必然要求，是实现上海市工业化、城镇化和农业现代化的重要任务，是全面推进农村经济发展和社会主义新农村建设的重大举措。开展以农家乐为形式的新型农业职业开发、培养新型农民，对于提高农村劳动力择业和创业能力、增强农村劳动力就业竞争能力、促进农村劳动力转移、有效增加农民收入，都具有十分重要的作用。以农家乐为形式的新型农业职业开发，是适应上海市农业农村经济发展、农业技术进步和就业准入制度实施的需要。大力开展以农家乐为形式的新型农业职业开发，培养和造就大批新型农民，将进一步推进农业农村人才队伍建设、强化农业人才支撑，推进现代农业发展和农村经济繁荣，对于巩固和发展上海市农业和农村经济的可持续发展成果，实现农业和农民的增产增收，具有重大的战略意义。

文章二——农家乐服务从业人员的业务技能素养

业务技能素养是指农家乐服务从业人员的专业知识结构、人际交往能力、组织协调能力等方面的能力素养。语言表达能力是农家乐从业人员的基本技能，要讲好普通话，发音准确，词汇生动，表达贴切。农家乐从业人员在整个服务过程中担当着组织者和协调人的角色，必须具备较强的组织和协调能力。农家乐服务对象是游客，游客是具有丰富感情和各种各样心理需要的群体，他们的处事态度、个性特征往往差异很大，为了做好服务工作，需要加强同游客广泛的交流、沟通，以达到相互理解，提高服务质量的目的。农家乐从业人员的人际沟通能力决定了农家乐知名度和美誉度。

文章三——崇明农家乐的文化内涵

第一，生态建设

崇明涌现出了如前卫村、瀛东村等不少生态建设的成功典型，它们以其直观、生动的特点，为崇明生态岛建设起到了很好的示范与辐射作用。如今旅游已经成为广大城乡居民日常生活中最重要的一种娱乐休闲方式，以前卫村农家乐、瀛东村渔家乐为代表的农家乐旅游，由于其丰富的生态内涵，吸引了海内外大批的游客。在此基础上，崇明农家乐旅游正在向全县拓展，各种具有崇明生态特色代表性的农家乐，赢得了广大游客的交口赞誉，引导着都市人回归自然、享受自然，同时，各个农家乐的生态理念也随着南来北往的人流传播到了四面八方。这对于打响崇明生态品牌具有重要价值。

第二，创新发展

农家乐发展起来后，带来的不仅仅是消费收入，还有产品信息、项目信息和市场信息，能够为崇明经济的发展提供新的契机。农家乐成为农民了解市场的“窗口”，成为城市与崇明农村互动的桥梁。各地游客为农村带来了新思想、新观念，使农民及时了解到市场信息，为生产经营与市场需求相接轨创造条件。农家乐的发展，对促进崇明的旅游事业、调整产业结构、建设区域经济、加快农业市场化进程发挥了积极作用，产生了良好的经济效益，将逐步发展成为崇明经济的战略性产业。

第三，垦拓精神

1300 多年来，崇明的农民生活在远隔陆地文明的沙地，在这里，人们面对着更加艰辛的生存环境。在漫长的生活道路上，崇明人形成了特有的传统文化。农家乐是传承崇明传统文化、弘扬崇明传统文化的最好载体。

崇明因水而生，也为水所困。如果没有长江冲积下来的泥沙，这个岛就不会出现。因此，崇明岛的历史是一部不断围垦、不断拓荒的历史，开垦拓荒，围海造田，崇明人在与大自然的搏斗中锤炼出独有的秉性特征，蕴含着不畏艰险、顽强拼搏、艰苦创业的精神内涵，无论是前卫村农家乐还是瀛东村渔家乐，都非常明显地体现了这种精神。千百年来，相对封闭的自然环境，使得崇明农民形成了善良朴实、与邻为友的淳朴民风和优良传统，形成了讲信用、重信誉的传统美德，到崇明农家乐旅游，可以非常明显地体验到崇明农家的品格。

测试题答案及评分表

一、单项选择题

1. A　2. B　3. B　4. B　5. A　6. A　7. B　8. C　9. A　10. A　11. B　12. B　13. B　14. B　15. D　16. A　17. A　18. A　19. B　20. B　21. C

二、技能测试题

1. 问候语和告别语的使用

(1) 操作评分表

编号	评分要素	配分	分值	评分标准	实际得分
1	注意说话时的姿态与表情	3	3	姿态大方，面带微笑。错一处扣 1 分，扣完为止	
2	使用普通话	6	2	音量适中，错一处扣 1 分，扣完为止	
			2	口齿清晰，错一处扣 1 分，扣完为止	
			2	注意普通话与方言的差异，错一处扣 1 分，扣完为止	
3	答题内容符合要求，合乎情理	4	4	答题内容符合要求，合乎情理	
4	在规定的时间内完成答题	2	2	在规定的时间内完成	
合计配分		15	合计得分		

(2) 参考答案

1) 客人到达农家乐接待中心时，服务人员应怎样主动向客人问候？

答："您好，欢迎您来×××旅游"

"各位游客，大家好，欢迎各位游客光临"

"您好，欢迎您来×××旅游，请屋里坐"

2) 向客人道别时，服务人员可以使用哪些礼貌服务用语？

答："再见""希望你们再次光临""请走好"

"先生（小姐），请走好，欢迎你们下次再来×××旅游"

"祝你旅途愉快，一路顺风"

2. 朗读短文

编号	评分要素	配分	分值	评分标准	实际得分
1	注意朗读时的姿态与表情	6	6	姿态大方，面带微笑，口齿清晰。错一处扣2分，扣完为止	
2	使用普通话朗读	6	2	注意普通话与方言的差异，错一处扣1分，扣完为止	
			2	注意多音字，错一处扣1分，扣完为止	
			2	注意误读字，错一处扣1分，扣完为止	
3	把握作品的基调	1	1	体现情感、色彩、分量	
4	掌握朗读基本技巧	2	2	注意停顿、重音、语速、语调，错一处扣1分，扣完为止	
合计配分		15	合计得分		

第 4 章

农家乐接待服务

第 1 节　礼节礼貌常识

学习目标

➢ 了解礼节礼貌常识

➢ 掌握礼节礼貌在接待服务中的熟练使用

知识要求

一、礼节的概念

礼节是人们在交往时，表示相互尊敬的惯用形式，如在交际场合相互表示尊敬、问候、祝愿、慰问以及给予必要的协助与照料等。不同的国籍、不同的场合表现出的礼节不尽相同，如中国古代的跪拜、作揖，现代的握手、敬礼，西方国家的拥抱、双手合十、接吻等，都是不同礼节的表现形式。

在农家乐服务中，使用较多的是握手礼和鞠躬礼。握手应注意方式，握手时双眼要注视对方，面带微笑。在服务中，一般不主动与客人握手，如客人主动与服务人员握手时，服务员则不应回避，回避是不礼貌的。行鞠躬礼时，身体适度前倾，适用于迎送客人等服务场合。

二、礼貌的概念

礼貌是人们在相互交往中，通过语言、表情、行为、态度等表示相互尊重和友好的言行规范。它体现了时代的风尚与道德水准，反映着人们受教育的程度。礼节是礼貌的具体表现，礼貌是礼节的规范，礼节是表示尊重的形式要求，礼貌是表示尊重的言行规范。在农家乐服务中，服务员应做到举止文明大方，言语恭敬自然，态度温和诚恳。

三、农家乐服务人员的礼貌基本素质

礼节礼貌在服务工作起着非常重要的作用，它不仅表现出一个服务员个人的良好道德素质，同时反映了一个服务单位的精神文明的整体面貌。从行业特性出发，农家乐从业人员的礼貌基本素质主要表现在：仪表大方、行为规范、态度热情、语言文明。

四、礼节礼貌在服务工作中的重要性

1. 讲究礼节礼貌是社会主义精神文明建设的需要

中国素有礼仪之邦之称，讲究文明礼貌是中华民族的优良传统。中国又是一个社会主义国家，社会主义道德建设就是要抓社会公德和职业道德建设，礼节礼貌是社会公德的一个部分，是思想道德和职业道德的基础。旅游业作为服务面最大的“窗口行业”，讲究礼节礼貌，最能体现建设有中国特色社会主义精神文明的成果。

2. 讲究礼节礼貌是旅游接待服务工作的需要

在市场经济条件下，市场竞争日益激烈，企业间的竞争实质上是服务质量的竞争，农家乐旅游作为展现社会主义新农村精神文明建设的窗口，需要一大批懂礼节、讲礼貌的新型农业旅游服务人员。随着人们生活水平的提高和文明程度的进步，游客参与农家乐旅游不仅仅是为了满足单纯的旅游需要，游客对接待服务的要求，不仅体现在吃、住、行、游、购、娱六环节上，更主要的是获得优质、规范的服务。

农家乐旅游作为一种特色的旅游产品，游客用相当的货币购买了这一个特色产品，当然也包括规范、良好的服务。从心理学角度讲，农家乐服务员热情、周到地为宾客服务，与宾客保持良好的关系，即使游客有不满意的地方也可以缓解服务矛盾；对服务中偶尔出现的差错，还可以起到使游客更容易理解、包容的作用。

3. 讲究礼节礼貌是提高农家乐服务人员基本素质的需要

农家乐作为一种有特色的旅游项目，目前正处于起步阶段，从事农家乐接待服务工作的人员，无论从年龄、受教育程度和服务技能上都存在一定的差异。这就要求所有的从业人员首先要从服务意识上抓起，树立良好的服务态度，从客人的旅游活动开始到旅游活动结束，均应严格地按服务规范、服务标准和服务程序做好各项服务工作，做到礼貌待客、热情服务。

第 2 节　农家乐服务人员的仪表仪容和接待服务的礼节

- 了解仪表仪容在接待服务中的重要性

➢掌握仪表仪容的具体要求

➢掌握接待服务中的各种礼节

知识要求

一、仪容仪表的概念及作用

仪容主要是指人的容貌，仪表即人的外表，由服饰、容貌、姿态组成。良好的仪容仪表可以给客人留下美好的印象。良好的仪容仪表是塑造农家乐接待单位形象的需要；规范的仪表、大方的仪容既能反映出服务人员的行业素质，同时也可反映出农家乐的接待单位良好的服务形象，反映出接待单位总体的服务水准。良好的仪容仪表是尊敬游客、传播农村新面貌的需要。游客参加农家乐活动，不仅能在旅游活动中感受到吃农家饭、住农家屋、干农家活、享受农村自然风光的乐趣，还能通过接待服务人员有特色的着装、大方的仪表，品味农家乐旅游的鲜明特色。

二、仪容仪表的具体要求

1. 服饰整齐

按接待单位规定着装，体现农家乐旅游特色。佩戴服务标志、服装平整、无掉扣、无破损、无污渍、不穿拖鞋、不赤足。

2. 仪容大方

头发梳理整齐，面容清洁。女性年轻服务员可略施淡妆上岗，但不得涂有色指甲油。

3. 注重个人卫生

服务人员要做到勤洗澡、勤理发、勤剪指甲、勤洗衣服。接待服务前不喝酒，不吃大蒜、韭菜等有异味的食物，不在客人的就餐场所内吸烟、用餐等，不当着客人的面有各种不卫生的举止。

三、农家乐接待服务的礼节

1. 称呼的礼节

对男性客人可称“先生”，在知道客人的姓氏时，最好称“某先生”。

对年轻的女性客人可称“小姐”。

对已婚的女性客人可称“夫人”。

对不知道婚姻用状况的女性客人可称“女士”。

对政府官员，也可以使用职位称如“黄县长”“李局长”“各位领导”“各位来宾”。

对儿童可以称呼“小朋友”。

2. 问候的礼节

农家乐服务人员在服务场所内碰到客人时，应主动问好。

根据不同的时间主动问候“您好”“早上好”“下午好”“晚上好”。

客人来临时，应主动说“欢迎光临”“欢迎来某某旅游”。

向客人道别时，应主动说：“再见”“希望你们再次光临”“请走好”。

当节日到来时，要向宾客表示节日的祝贺：“春节快乐”“新年好”。

客人过生日或喜庆活动，应问客人表示祝贺：“祝您生日快乐”“祝你们新婚愉快”。

见到客人生病时，则应表示关切如：“请您多加保重”。

3. 握手的礼节

在旅游接待服务中，作为服务人员不宜主动与客人握手，但在某些情况下客人主动要求与服务人员握手时，则不应回避，应大方地与客人握手。

在握手时，应面带微笑，举止自然，双目注视客人。

4. 谈话的礼节

(1) 与客人交谈时应本着实事求是的原则，不要随便答复自己不清楚或不知道的事情，对服务范围以外和自己无把握办到的事，不要轻易许诺客人。

(2) 同客人交谈时，应态度和善、诚恳、热情，体现接待者的热情好客。

(3) 可与客人进行有关菜肴、天气、风土人情、旅游风光、农村面貌等话题的交谈，但不能问及客人的收入、婚姻、年龄、宗教信仰等个人隐私问题。

(4) 与客人交谈时应保持站立姿势，不要随便打断客人间的交谈；客人之间交谈时，不可驻足旁听。

(5) 与客人交谈时，尽量避免一些不文雅的举动，如挠头抓耳、打喷嚏。

(6) 接待成员之间，不应当着客人的面，长时间用方言相互交谈。

(7) 如有事与客人联系时，则应先打招呼，并表示歉意。

服务中有时可能碰到举止与众不同、身穿离奇服饰的客人，服务人员不允许指点、议论或取笑，不应该大惊小怪，围观攀谈。

测试题

单项选择题（选择一个正确的答案，将相应的字母填入题内的括号中）

1. 礼节是人们在（　　）时，表示相互尊敬的惯用形式，在农家乐服务中，使用较多的是握手礼和鞠躬礼。

A. 交往　　B. 接触　　C. 交谈　　D. 交流

2. 礼节是人们在交往时，表示相互（　　）的惯用形式，在农家乐服务中，使用较多的是握手礼和鞠躬礼。

A. 尊重　　B. 尊敬　　C. 理解　　D. 平等

3. 礼节是礼貌的具体表现，礼貌是礼节的（　　），礼节是表示尊重的形式要求，礼貌是表示尊重的言行规范。在农家乐服务中，服务员应做到举止文明大方，言语恭敬自然，态度温和诚恳。

A. 言行　　B. 规范　　C. 态度　　D. 举止

4.（　　）礼节礼貌是社会主义精神文明建设的需要，是旅游接待服务工作的需要，是提高农家乐服务人员基本素质的需要。

A. 讲究　　B. 要求　　C. 指导　　D. 保持

5. 讲究礼节礼貌是社会主义（　　）文明建设的需要，是旅游接待服务工作的需要，是提高农家乐服务人员基本素质的需要。

A. 政治　　B. 精神　　C. 物质　　D. 生态

6. 农家乐从业人员的礼貌基本素质主要表现在：（　　）、行为规范、态度热情、语言文明。

A. 仪表大方　　B. 出手大方　　C. 落落大方　　D. 举止大方

7. 农家乐从业人员的礼貌基本素质主要表现在：仪表大方、行为规范、（　　）、语言文明。

A. 讲解热情　　B. 接待热情　　C. 态度热情　　D. 服务热情

8.（　　）、大方的仪容既能反映出服务人员的行业素质，同时也可反映出农家乐的接待单位良好的服务形象，反映出接待单位总体的服务水准。

A. 规范的仪表　　B. 端正的仪表　　C. 规定的仪表　　D. 统一的仪表

9.（　　）仪容仪表是尊敬游客、传播农村新面貌的需要。

A. 良好的　　B. 规范的　　C. 出众的　　D. 漂亮的

10. 按接待单位（　　），体现农家乐旅游特色。佩戴服务标志、服装平整、无掉扣、无破损、无污渍、不穿拖鞋、不赤足。

A. 规定着装　　B. 统一着装　　C. 标准着装　　D. 漂亮着装

11. 头发梳理整齐，（　　）。女性年轻服务员可略施淡妆上岗，但不得涂有色指甲油。

A. 服饰清洁　　B. 面容清洁　　C. 浓妆艳抹　　D. 手足干净

12. 头发梳理整齐，面容清洁。女性年轻服务员可略施淡妆上岗，但不得（　　）。

A. 涂红色指甲油　　B. 涂黑色指甲油

C. 涂绿色指甲油　　D. 涂有色指甲油

13. 服务人员要做到勤洗澡、勤理发、勤剪指甲、勤洗衣服。接待服务前（　　），不吃大蒜、韭菜等有异味的食物，不在客人的就餐场所内吸烟、用餐等，不当着客人的面有各种不卫生的举止。

A. 喝少量酒　　B. 不喝酒　　C. 多喝酒　　D. 醉酒

14. 服务人员要做到勤洗澡、勤理发、勤剪指甲、勤洗衣服。接待服务前不喝酒，不吃大蒜、韭菜等有异味的食物，不在客人的就餐场所内吸烟、用餐等，不当着客人的面有各种（　　）。

A. 不文明的行为　　B. 不卫生的举止　　C. 不文明的举动　　D. 粗暴的行为

15. 对（　　）可称“先生”，在知道客人的姓氏时，最好称“某先生”。对年轻的女性客人可称“小姐”。对已婚的女性客人可称“夫人”。对不知道婚姻用状况的女性客人可称“女士”。

A. 男性客人　　B. 青年男性客人　　C. 老年男性客人　　D. 少年男性客人

16. 对男性客人可称“先生”，在知道客人的姓氏时，最好称“某先生”。对年轻的女性客人可称“小姐”。对已婚的女性客人可称“夫人”。对不知道婚姻用状况的女性客人可称“（　　）”。

A. 小姐　　B. 大姐　　C. 夫人　　D. 女士

17. 农家乐服务人员在服务场所内碰到客人时，应主动问好。根据（　　）主动问候“您好”“早上好”“下午好”“晚上好”。客人来临时，应主动说“欢迎光临”“欢迎来某某旅游”。向客人道别时，应主动说：“再见”“希望你们再次光临”“请走好”。

A. 不同的季节　　B. 不同的时间　　C. 不同的地点　　D. 不同的场所

18. 在旅游接待服务中，作为服务人员（　　）与客人握手，但在许多情况下客人主动要求与服务人员握手时，则不应回避，应大方地与客人握手。在握手时，应面带微笑，举止自然，双目注视客人。

A. 不宜主动　　B. 积极主动　　C. 不能　　D. 严禁

19. 在旅游接待服务中，作为服务人员不宜主动与客人握手，但在许多情况下客人主动要求与服务人员握手时，则不应回避，应大方地与客人握手。在握手时，应面带微笑，举止自然，（　　）客人。

A. 双目尽量回避　　B. 双目四处张望

C. 双目凝视　　D. 双目注视

20. 服务员与客人交谈时应本着实事求是的原则，不要随便答复自己不清楚或不知道的事情，对（　）办到的事，不要轻易许诺客人。应态度和善、诚恳、热情，体现接待者的热情好客。与客人交谈时应保持站立姿势，不要随便打断客人间的交谈，客人之间交谈时，不可驻足旁听。

A. 服务范围以内和自己有把握　　B. 服务范围以外和自己无把握

C. 服务范围以外自己有把握　　D. 服务范围以内自己无把握

测试题答案

1. A　2. B　3B　4. A　5. B　6. A　7. C　8. A　9. A　10. A　11. B　12 . D　13. B　14. B　15. A　16. D　17. B　18. A　19. D　20. B

第5章

农家乐景点服务

第 1 节　旅 游 知 识

学习目标

➢ 了解旅游的特点

➢ 掌握旅游的类型和划分

知识要求

“旅游”就是旅行游览，在现代汉语中，“旅行”和“旅游”大体相通，然而严格地说，旅行和旅游是有区别的。旅行是人们从一个地方到另一个地方的行进过程。它的内容很广泛，包括出差、迁居、外出、求学、访问等。而旅游则是以游览为主要目的的一种旅行，是一种综合性的社会活动。因此，“旅游”这个概念可作如下表述：旅游是人们带有游览目的的非定居性旅行和暂时停留中所进行的物质和精神活动的总和。

随着人们生活水平的提高和旅游需求日新月异的变化，旅游活动的形式和内容越来越呈现多样性、丰富性的特点，如会议旅游、购物旅游、生态旅游、体育旅游、学术旅游等。农家乐也是其中有特色的一项旅游活动，它是以农事活动为基础，以农业生产经营为特色，利用田园景观，以住农家屋、吃农家饭、干农家活的为主要内容农业旅游活动。

一、旅游的特点

1. 审美性

尽管旅游者旅游动机复杂多样，旅游的形式和内容不断变化、发展，但有一个共同点，就是为了获得身心的愉悦。所以从本质上说，旅游是一种寻找美、感受美的活动。

审美追求不仅是旅游者最初的旅游动因，而且贯穿在旅游全过程和渗透到旅游的一切领域，旅游的过程一般包括吃、住、行、游、购、娱六个环节，每个环节都能给旅游者以美的感受。以农家乐为例，游客通过游览农村田园景观，感受风土民情，品尝农家菜肴，参与农事活动，接受优质服务，可以从中感受到自然风光美、风土人情美、风味佳肴美乃至服务态度美等不同的美感体验。

2. 异地性

所谓异地性，是指人们为了达到追求新异、游览审美等各种目的，必须到另一个不是长期居住的地方。旅游活动为什么要到异地呢？从心理学角度看，是人们想“换换环境”和追求新奇的心理因素在起作用。

因此，当人们在具备一定条件时，就想改变一下自己的生活环境，就渴望去欣赏领略异地的风光、风俗、生活，从而开阔眼界、增长见识。农家乐活动能吸引越来越多的城市游客的原因就在于此。

3. 流动性

旅游的异地性，决定了旅游的流动性。因为旅游者为了实现旅游目的，首先必须能够顺利地从自己的常住地转移到异地景区，然后从一个景区向另一个景区转移，这就产生了流动，也就是旅行。只有流动，游览才能获得更广阔的空间形式，所以旅游必须以旅行为前提。

二、旅游的类型

1. 按游览区域划分

（1）国内旅游。由于旅游者的旅游支付能力有大小，闲暇时间有长短，旅游需求有差异，因而国内旅游又可分为地方性旅游、区域性旅游和全国性旅游三种具体形式。农家乐旅游是介于地方性旅游和区域性之间的一种旅游类型，是一种近距离、短时间的参观游览活动，多数利用节假日、双休日，常以散客、家庭式、小集体的活动形式为主。

（2）国际旅游。国际旅游可以分为跨国旅游、洲际旅游和环球旅游等几种形式。

2. 按旅游的目的划分

按旅游者的旅游动机和主要目的划分，旅游可分为观光型、度假保健型、公务型、宗教型和购物型五种主要类型。

根据农家乐旅游的定义分析，农家乐兼有观光型和度假保健型两种类型的特点。

第 2 节　农家乐景点户外活动注意事项

➢ 了解安全原则

➢ 掌握活动前后的注意事项和对环保的要求

知识要求

去郊野农家乐，有一个重要环节就是户外活动，就全国而言，这些户外活动包括跋山涉水等挑战性的自然障碍，也包括冲破人们设置的刺激性人为障碍。这里着重谈谈在农家乐旅游户外活动中的注意事项。

户外活动的无穷魅力，缘于其爱好者对大自然回归的渴望以及挑战极限、超越自我的体验心境。诚然，户外活动能欣赏到很多美景，可严酷环境对参与者体力、经验、装备和团队意识等方面也存在考验。专业户外活动人员在从事这项运动过程中都会出现不可预知的事故，何况是一般的农家乐旅游者。如何正确从事户外活动，在尊重生命、保障团队的前提下体验农家乐呢？旅游者一定要补上这一堂课，在关键时刻让知识挽救生命。

人类与自然界相比是极为渺小与脆弱的。人们必须用科学的态度去认知、了解和适应自然才能做到与自然交流。否则，伤亡事故难以避免。一般来说，农家乐户外活动危险大致分为两类，一是客观危险，二是人为危险（比如大意、器材问题、技术不够、偷窃等）。如何规避客观危险、防范人为危险就成为任何人，特别是农家乐游客在从事户外活动过程中需要学习的知识。

一、安全原则要求

1. 年满 18 周岁，具有完全民事行为能力并身心健康者方可报名参加农家乐活动；未满年龄者须有监护人陪同。

2. 农家乐户外活动具有 定的危险性和挑战性，这正是其独特魅力之一，请认识清楚后，谨慎报名参加。

3. 如有不适合户外活动的疾病，如心脏疾病、高血压、哮喘、急性传染病、精神有问题等患者请勿参加。

4. 参加活动者须服从领队安排，严禁个人私自行动或违规操作，否则由此产生的一切后果由自己负责。

5. 农家乐户外活动遵循安全第一的原则。

6. AA 制活动、商业活动等各类活动中请各自保管好自己的财务，如有损失由自己负责。

二、活动前后注意事项

1. 行动之前请修剪你的脚趾甲。

2. 抱怨的情绪无法支持你走完全程。

3. 切勿跟得太紧，给前面的队友留一点空间，最好相距三至五步的距离。

4. 切勿落后太多，以免和队友失去联络，或总是让前面的人等你赶上来。

5. 经过队友的身边时须征求许可，切勿用手肘硬挤上前。

6. 停下来系鞋带、调整衣物背包、照相或欣赏风景时，须让到路边去，可能的话，站在经过的队友上方。

7. 不要等到感觉口渴时才去喝水。要经常补充水分，但喝水时不要一次性喝太多(会增大对心脏压力)，应该每次只喝一口，做到少量多次。

三、环保要求

1. 遵守“只留下脚印，只带走照片”的户外环保宗旨，尽可能将对自然的影响降到最小。

2. 不得随意乱砍滥伐植物、捕杀动物以及进行娱乐性篝火，尽可能保护环境的自然原始生态。

3. 尽量少携带可能会在活动中产生废弃物的物品，包括金属、玻璃、塑料等包装制品。

4. 不使用石油化工洗涤用品以及其他污染物品，避免对水源造成污染。

5. 提倡不使用一次性筷子、饭碗、杯子等物品。

6. 随身携带垃圾袋，活动过程中产生的不可降解物须带到有处理能力的地方丢弃，可降解物则须深埋。

崇明特色旅游景点介绍

1. 东平国家森林公园

东平国家森林公园位于崇明岛中北部，距县城12公里，全园东西长1 700米、南北宽1 400～2 800米，总面积5 300多亩。它的前身是东平林场，1959年围垦，1989年作为旅游景点对外开放，1993年国家林业部正式批准成立“东平国家森林公园”。1997年被评为上海市“十佳”休闲新景点。目前是国家4A级旅游景点。其特色是幽、静、秀、野。为使公园成为广大游客喜爱的休闲场所，目前森林公园正在抓紧规划扩建，到时，一座集休闲、娱乐、餐饮、体育、会议、园林于一体的旅游度假区，将给大家一份“回归大自然”的全新享受。

2. 崇明学宫

崇明学宫也称孔庙，由庙学与儒学两个部分组成。两千多年来，孔庙在我国一直是专门祭祀春秋时期伟大的思想家、教育家、政治家孔子的庙宇。据史书记载，孔子（公元前551年—公元前479年）殁后一年，周敬王四十二年（公元前478年），鲁哀公将其在山东曲阜的三间故宅改建为庙，内陈设孔子的衣冠礼器，岁时奉祀。汉武帝“罢黜百家，独尊儒术”后，孔子所创立的儒家思想以其博大精深的理论体系，从此成为中国封建社会的正统思想，孔庙也因此成为我国历时最久的各封建王朝祀典的礼制庙宇。崇明学宫既是专门祭祀孔子的地方，也是旧时官办的地方学府。它占地23.21亩，是目前上海地区面积最大的一座孔庙。

3. 寿安寺

寿安寺是崇明地区规模最大、历史最悠久的著名古刹。寿安寺位于崇明县城东2.5公里处。寿安寺建于宋朝淳祐年间，距今已有700多年的历史。元延祐五年（1318年），元朝政府赐额为“永福寿安寺”。寿安寺历经明清两代，又先后修建了天王殿、大雄宝殿、三圣殿、忏堂、丰乐亭、沧海阁等一大群建筑。从此，寿安寺庄严华丽，法事兴盛，远近闻名，成为海上一大名刹。1976年后，全国上下政通人和，百废俱兴，宗教事业再度焕发勃勃生机。寿安寺沐浴改革开放的春风，如凤凰涅槃，重现人间。1980年，寿安寺获准恢复，庙宇重开，佛事再兴。1982年，寿安寺被列为县级文物保护单位。1989年，中国佛教协会会长赵朴初亲临寿安寺视察，并挥笔题词“如来无量寿，净土万年安”。

4. 金鳌山

如果说宝岛崇明是上海的后花园，那么秀美典雅的金鳌山则名副其实，不折不扣的是寿安寺的后花园了。称金鳌山为公园是恰如其分的，因为它是崇明岛上一处具有悠久历史的园林建筑。金鳌山位于崇明城东2.5公里处，与寿安古刹相毗邻，占地1.2公顷，特点是精致、小巧、古朴、秀美，被崇明县人民政府列为县级文物保护单位。在历史上，金鳌山素来是崇明的标志。关于金鳌山的由来，崇明民间有许多美好的传说。

5. 前卫生态村

前卫生态村位于崇明岛中北部，东平国家森林公园北侧。20世纪60年代，现在前卫村所在地还是“潮来一片白茫茫，潮退一片水汪汪”的海滩。当时，前卫生态村领路人、年仅17岁的该村党总支书记徐卫国带着家乡父老的嘱托，带领72位农民组成“围垦突击队”来到崇明中部北侧的长江边开始围垦造田，由此揭开了“前卫人”艰苦创业的新篇章。经过30多年的建设，全村环境洁净优美，农业、工业、副业、旅游业协调发展，形成了良性循环。现有土地3 671亩，常驻农户284人，人口753人。已被列入“全球生态村500佳之一”，并被国家旅游局列为全国农业旅游示范点。近年来国内外专家纷纷来村参观，对这里的生态工程赞不绝口。党和国家领导人朱镕基、尉健行、温家宝、吴邦国、黄菊、姜春云、李铁映、宋健、王丙乾等同志曾先后来村视察。20世纪末，经市县旅游部门核准，前卫生态村向社会隆重推出“农家乐”休闲度假项目，“吃农家饭、住农家屋、干农家活、享农家乐”的旅游活动项目深受都市游客的青睐。近两年来，已接待了社会各界人士达数十万人次。目前日接待能力为500余人。前卫村村民风淳朴、邻里和睦、接待热情周到、农家菜肴味香可口。如果你看腻了城市的“钢筋森林”，想要寻找一处绿色村庄，想要寻找一片世外桃源，那么前卫生态村是你最理想的选择。

6. 根宝足球基地

有一个集体育与娱乐于一体的旅游景点，是位于东平国家森林公园南面的根宝足球基地。根宝足球基地不仅是中国足球未来明星的摇篮，也是崇明岛上一处富有特色的新的旅游景点。如果你是一个足球迷，相信你一定知道徐根宝的名字，他可以说是当今国内一个极具个性、极具魅力、极具挑战意识、永不服输的足球教练。根宝足球基地的创始人和总教练正是闻名遐迩的徐根宝。如果你是一个足球迷，你也一定知道曼联是英格兰最著名的足球俱乐部，也许你非常渴望能有机会到那儿亲眼看一看世界大牌球星是如何进行训练和比赛的。其实，你完全可以不出国门，只要到根宝足球基地走一走，它同样可以满足你亲身感受具有国际一流水准的足球基地进行教育与训练时的观赏愉悦，而且它的规模与设施堪与国外著名俱乐部的训练基地媲美。对此，中央电视台、日本的《朝日新闻》等国内外许多媒体，都曾先后对它做过专题采访和跟踪报道。

根宝足球基地占地100亩，于2000年6月1日开工奠基，2001年10月上旬正式竣工，总投资3 000万元。建筑规模宏大，气势磅礴。面积达数千亩的东平国家森林公园环抱着它，小河将基地与森林天然地隔开，环境清静优美。基地现拥有足球宾馆、一个室内足球馆、三个半标准足球场等设施。

7. 东滩湿地

东滩候鸟保护区位于崇明岛东部，它由长江里的泥沙不断淤积而成，总面积45万亩，现在还在以每年150米（大约13亩）的速度不断向外延伸。这里水洁土净，肥沃的土地孕育了一望无际的芦苇荡，一只只螃蟹悠闲地从洞中爬出来觅食；浩瀚的长江养育了各种水产，鱼肥蟹壮；纯洁的土地种植出了各种无污染蔬菜、瓜果；3万公顷滩涂也是目前世界上为数不多的野生鸟类乐园，春秋两季时这里群鸟飞舞、天鹅游戈，被列保护名单的珍稀候鸟就有130多种，过境鸟类数量达100万左右。尤其是国家一级保护动物小天鹅在东滩越冬数量最多时曾达3 000～3 500只，还有来自澳大利亚、新西兰、日本等国的过境栖息候鸟总数达二三百万只。其中有白额雁、绿鹭、中白鹭、黑脸琵鹭、赤腹鹰等国家一、二类保护鸟类。

2002年9月14日，东滩旅游正式启动。长堤竖巨石以示纪念，筑栈桥以亲近湿地，建竹楼眺东海，坐牛车游览滩涂，修驿站供游客休闲，东滩撩开了神秘的面纱。东滩候鸟保护区将作为崇明旅游业开发的重点，按照总体规划的开发布局，将开发湿地公园，东滩观日出，设瞭望塔，建观鸟台和鸟类博物馆，开发参与性游乐项目，开辟“农家乐”等旅游活动。届时，将成为集游客休闲、观光、游乐为一体的旅游胜地。

8. 西沙风情

绿华，又称老鼠沙，据说绿华镇的整体形状酷似老鼠，又因对江有一白卯（同“猫”谐）港相望成趣而得名。它地处崇明岛的西南端，距县城 32 公里，东接三星，北邻上海跃进农场，西、南两面环水，靠长江，地理位置优越。绿华最早是从 1971 年冬开始在一个芦苇荡上围垦起来的，在此之前还是“潮来波涌群鱼跃，水退风吹芦花摆”。经过了 30 多年的围垦，如今的绿华镇总面积有 37.45 平方公里，在籍人口 9 407 人，全镇农业总产值达两个多亿。这和绿华人的勤劳与智慧是密不可分的。

1972 年围垦以来，来自全县各个乡镇到绿华安家落户的人们在党委、政府的领导下，奋发有为，勤建家园，尤其是在 90 年代以后，绿华镇党委和政府瞄准市场，大胆着手农业结构调整，大力发展植树造林、林果生产：千亩橘园示范基地、生梨园、桃林银杏坡、杨柳坡、桂花坡等随处可见。经过这十几年的第二次创业，如今的绿华，绿化覆盖率已达到 56.92%。来到绿华，你将会真切地感受到四季满目葱茏，绿色蔽空的心旷神怡，十月林果飘香，百鸟群舞的惬意，成为名副其实的“全国绿化百家乡镇”之一。在发展植树造林、林果生产的同时，绿华镇还鼓励农民扩大养殖特色水产品，蟹塘、鱼塘、虾塘纵横密布，果林园、放养禽随处可见。江泽民、朱镕基、芮杏文、韩正等各级领导先后来绿华镇视察，对绿华镇的绿色生态工程给予了高度的评价。为了充分开发利用本镇的生态资源，为全社会各界人士提供休闲度假的好去处，特开设农家生态风情游，虽属初始阶段，但将以绮丽的风情，高质的服务笑迎天下来客，让喜爱大自然的都市人充分拥抱自然，回归自然，乘兴而来，满意而归。

9. 瀛东村

瀛东村位于崇明岛的最东端，在长江与东海的交汇处。崇明有“瀛洲”的美称，瀛东村是瀛洲最东、最早迎来旭日东升的村庄，全村现有农户 52 家，村民 174 人。2002 年，全村总产值达千万元，人均收入 1.3 万元，家家户户过着丰衣足食的生活。

追溯到 20 世纪 80 年代初，瀛东村这块地带还是“潮来一片白茫茫，潮退遍地芦苇荡”的荒滩。1985 年起，在村党支部书记陆文忠为首的一班人率领下，全村党员和群众先后三次向荒滩进军，艰苦创业，奋勇拼搏，围垦滩田 4 000 亩，在茫茫荒滩上建立起一个以淡水养殖为主的、生机勃勃的新村庄，1989 年正式定名为瀛东村。

瀛东村的领路人陆文忠是个传奇式的人物，他在 1985 年 11 月，带领五名硬汉子，以创业者所特有的胆略和气魄，怀里揣着东拼西凑的 200 元资金，带着一缸咸菜，闯入东滩，扎进芦苇荡，搭起草棚、风餐露宿、手掘肩挑，筑堤岸、平港汊。300 个日日夜夜奋战不息，围田 600 亩，开挖 300 亩鱼塘，走上了充满艰辛的拓荒之路。6 条扁担扛起了一个新天地。事隔两年，陆文忠率拓荒队伍第二次进军芦苇荡，又在海龙王口夺得 2 000 亩土地。1994 年，瀛东人三进滩涂，再围 1 300 亩。人们说，土地是财富之母，诚实劳动是财富之父。瀛东人在自己开垦的 4 000 亩土地上，用布满老茧的双手，开鱼池、挖蟹塘、种水稻、植果树、办工厂，采用“统一经营、家庭承包、因地制宜、分散养殖”，村集体与农户统分结合的双层经营方式，精心管理 1 780 亩精养鱼塘、600 余亩蟹塘、400 亩水稻、100 亩苗圃和 400 亩菜地。自围垦之初至今，瀛东村累计向市场提供了 20 万担淡水鱼、10 万斤商品河蟹，村民们都住进了统一设计、统一建造，造价达 17 万元以上的别墅楼房，率先步入小康生活。

随着村里经济的不断发展，瀛东人又在规划一条可持续发展道路，在“农旅、渔旅”结合上做文章，发展旅游业，开展“渔家乐”生态旅游。作为上海市文明村、全国精神文明创建先进单位，瀛东村以良好的生态环境，笑迎天下来客。

10. 江南三民文化村

江南三民文化村位于距崇明东平国家森林公园 4 公里的地方，占地百余亩，以江南地区传统的民间、民俗、民族文化元素为主题，以衣、食、住、行、艺、玩、商为分类，是非物质文化遗产挖掘、展示和传承的重要基地。具有江南代表性的五十六种物品展示馆，集知识性、文化性、史料性、趣味性、娱乐性为一体，这些都是“爷爷用过的东西，父亲知道的东西，儿孙不懂的东西”。

文化村设八大功能区，三民文化展览馆主题鲜明，展品丰富、琳琅满目。美术馆、土布馆、手工艺馆、农特优馆乡风浓郁、风味独特。演艺区内“扁担戏”“江南丝竹”古意简练，余音缭绕。剪纸、陶艺互动区使你心灵手巧。八卦广场主题活动，精彩纷呈。垂钓区、采摘区野趣横生，硕果累累。休闲住宿区宾朋满座，茶香流韵。江南美食区的传统风味，更令您满齿留香。那江南塔、水碓房、乌龟池、鲤鱼溪、江南亭、白鸽巢、江南城墙等景观，无不令人流连忘返。

江南三民文化村收集了十万余块有 30 年到 2300 年历史的旧砖，一万余片雕花木板，5 000余匹崇明地方 100 多种花色的老土布，1 000 余扇民间手工雕刻的门窗，600 余块老石头，10 多张老式床和 56 个主题展馆的几万件江南一带的民间珍藏。四年来，组织了有关部门的领导、专家、学者，先后召开了六次三民文化研讨会。江南三民文化村由文化部老部长高占祥题词，被上海市旅游局、上海世博会推介为重点旅游项目；被上海市农委列入 2010 年农业旅游项目；被文化部中国文化管理学会列入三民文化教育基地。

三民文化村的镇馆之宝是一条全长 36 米的中华龙，它是由 5 000 多片手工雕花木板组成，这些雕花木板近者有60年、远者有600年的历史。

三民文化村酒店是品尝崇明特色农家菜的好地方，能同时容纳200多人用餐，汇聚了各种崇明特色的美食菜肴；酒店内的宾馆客房部共有标准客房28间、三人客房3间、大床房4间，总计35间，设施齐全且配有独立式的花园，集古典与自然气息于一体，是江南三民文化村又一个休闲度假的好去处；三民文化村内的休闲娱乐、商务会议场所、KTV包房、多功能演艺厅和棋牌室，环境优美，为休闲、会务、朋友聚会活动创造了独特的氛围，提供了良好的场所。

测试题

一、单项选择题（选择一个正确的答案，将相应的字母填入题内的括号中）

1. 农家乐旅游，游客通过游览（　　），感受风土民情，品尝农家菜肴，参与农事活动，接受优质服务，就能从中感受到自然风光美、风土人情美、风味佳肴美乃至服务态度美等不同的美感体验。

A. 农村田园景观　　B. 农村田园风光　　C. 农村农民生活　　D. 农村庄稼收割

2. 所谓异地性，是指人们为了达到追求新异、（　　）等各种目的，必须到另一个不是长期居住的地方，是人们想“换换环境”和追求新奇的心理因素在起作用。

A. 游览大自然　　B. 游览审美

C. 探寻自然　　D. 结伴交友

3. 旅游者为了实现旅游目的，首先必须能够顺利地从自己的（　　），然后从一个景区向另一个景区转移，这就产生了流动，也就是旅行。只有流动，游览才能获得更广阔的空间形式，所以旅游必须以旅行为前提。

A. 常住地转移到另一个地方　　B. 常住地转移到异地景区

C. 常住地到异地　　D. 常住地到景区

4. （　　）是介于地方性旅游和区域性之间的一种旅游类型，是一种近距离、短时间的参观游览活动，多数利用节假日、双休日，常以散客、家庭式、小集体的活动形式为主。

A. 农家乐旅游　　B. 自助旅游　　C. 探险游　　D. 国内游

5. 按旅游者的旅游动机和主要目的划分，旅游可分为观光型、（　　）、公务型、宗教型和购物型五种主要类型。

A. 休闲度假型　　B. 度假保健型　　C. 保健型　　D. 考察型

6. 东平国家森林公园位于崇明岛（　　），距县城12公里，全园东西长1 700米、南北宽 1 400～2 800 米，总面积 5 300 多亩。

A. 西北部　　B. 中北部　　C. 东北部　　D. 北部

7.（　）也称孔庙，由庙学与儒学两个部分组成。它占地 23.21 亩，是目前上海地区面积最大的一座孔庙。

A. 崇明学宫　　B. 寿安寺　　C. 城隍庙　　D. 江南三民文化村

8.（　）是崇明地区规模最大、历史最悠久的著名古刹。寿安寺位于崇明县城东 2.5 公里处。寿安寺建于宋朝淳祐年间，距今已有 700 多年的历史。

A. 寿安寺　　B. 崇明学宫　　C. 金鳌山　　D. 寒山寺

9.（　）位于崇明城东 2.5 公里处，与寿安古刹相毗邻，占地 1.2 公顷，特点是精致、小巧、古朴、秀美，被崇明县人民政府列为县级文物保护单位。

A. 金鳌山　　B. 寿安寺　　C. 崇明学宫　　D. 寒山寺

10.（　）位于崇明岛中北部，东平国家森林公园北侧。近两年来，已接待了社会各界人士达数十万人次。目前日接待能力为 500 余人。

A. 前卫生态村　　B. 东滩湿地　　C. 江南三民文化村　　D. 西沙湿地

11. 根宝足球基地占地 100 亩，于（　）日开工奠基，2001 年 10 月上旬正式竣工，总投资 3 000 万元。基地现拥有足球宾馆、一个室内足球馆，三个半标准足球场等设施。

A. 2000 年 5 月 1 日　　B. 2000 年 6 月 1 日

C. 2000 年 7 月 1 日　　D. 2000 年 8 月 1 日

12. 东滩候鸟保护区位于崇明岛东部，它由长江里的泥沙（　），总面积 45 万亩，现在还在以每年 150 米（大约 13 亩）的速度不断向外延伸。

A. 偶尔淤积而成　　B. 不断淤积而成

C. 人工堆积而成　　D. 人工围垦而成

13. 绿华，又称老鼠沙。宝地处崇明岛的西南端，距县城 32 公里，东接三星，北邻上海跃进农场，西、南两面环水，靠长江，地理位置优越。经过了（　）的围垦，如今的绿华镇总面积有 37.45 平方公里，在籍人口 9 407 人，全镇农业总产值达两个多亿。这和绿华人的勤劳与智慧是密不可分的。

A. 20 多年　　B. 30 多年　　C. 40 多年　　D. 50 多年

14. 瀛东村位于崇明岛的（　），在长江与东海的交汇处。崇明有“瀛洲”的美称，瀛东村是瀛洲最东、最早迎来旭日东升的村庄，全村现有农户 52 家，村民 174 名。2002 年，全村总产值达千万元，人均收入 1.3 万元，家家户户过着丰衣足食的生活。

A. 最东端　　B. 最南端　　C. 最北端　　D. 东南端

15.（　）位于宝岛崇明，距东平国家森林公园 4 公里，占地百余亩，以江南地区传统的民间、民俗、民族文化元素为主题，以衣、食、住、行、艺、玩、商为分类，是非物质文化遗产挖掘、展示和传承的重要基地。

A. 江南三民文化村 B. 前卫生态村 C. 根宝足球基地 D. 高家庄园

二、技能测试题

按照讲解技能的构成要素，自编讲解词，做景点景物讲解

1. 讲解语言符合要求

2. 自行选择一种讲解语言风格

3. 自行选择一种讲解方法

测试题答案及评分表

一、单元选择题

1. A 2. B 3. B 4. A 5. B 6. B 7. A 8. A 9. A 10. A 11. B 12. B 13. B 14. A 15. A

二、技能测试题

1. 评分表

编号	评分要素	配分	分值	评分标准	实际得分
1	语言要求	8	2	讲解语言正确得2分；不正确不得分	
			2	讲解语言适当得2分；不适当不得分	
			2	讲解语言符合逻辑得2分；不符合逻辑不得分	
			2	讲解语言生动得2分；不生动不得分	
2	语言风格（自选一种）	8	4	选择语言风格与讲解的景物匹配得4分，比较匹配得2分；牵强不得分	
			4	选择语言风格与游客的身份匹配得4分，比较匹配得2分；牵强不得分	
3	讲解方法（自选一种）	4	2	选择的讲解方法与讲解的景物匹配得2分，比较匹配得1分；不匹配不得分	
			2	选择的讲解方法与游客的身份相符得2分；比较相符得1分；不相符不得分	
合计配分		20	合计得分		

2. 参考答案

（1）语言正确是指语音语调正确、运用词语精确、反映内容客观事实；语言适切是指切旨、切情、切境、切己、切人、切时；讲解语言的逻辑是指语言表达保持连贯、完整，有前因后果；讲解语言的生动是指讲解过程中运用比喻、幽默和巧用数字。

（2）讲解的语言风格有简洁、含蓄、通俗、直言、幽默、机敏、美言等几种，根据不同的景物和游客对象选用不同的语言风格。

（3）讲解方法有陈述法、问答法、渗透法、情景法、类比法、虚实法、悬念法、重点法等几种，根据不同的游客对象、参观不同的景物、选择不同的讲解方法。

第 6 章

农家乐客房服务

第 1 节　客房基本设备与用品

学习目标

➢了解客房的基本设备

➢掌握客房的基本功能与作用

知识要求

客房是游客在农家户逗留期间的主要活动场所。这就要求农家户合理地设计客房的布局，并配备相应的家具和设备，使客房具备能满足客人生活需求的各种功能。

一、客房的功能设计

1. 睡眠空间

(1) 床。床主要分为单人床和双人床，单人床的规格为 2 米×1 米，双人床的规格为 2 米×1.5 米，无论哪种床都应由床架、床垫和床头软板组合而成。

(2) 床头柜。床头柜的规格一般为长 0.6 米，宽 0.4 米，高 0.5～0.7 米，床头柜上应放有电话、笔、纸、电话簿、晚安卡等物品。

2. 卫生空间

(1) 浴缸（淋浴房）。浴缸应有冷、热水龙头，并装有淋浴喷头，既能固定，也能手拿，浴帘杆应与浴缸的外沿平行，浴巾架固定在浴缸龙头对面的墙上，淋浴房应有移动门装置。

(2) 便器。便器主要以坐式为主，便器旁应安装或放置卫生纸盒。

(3) 洗脸盆与云台。洗脸盆一般镶嵌在云台里，上装冷、热水龙头各一个，正面的墙面应配有镜子，云台上放置各种梳洗、化妆、卫生用品，云台的高度为 0.8 米。

另外，卫生间应有通风换气设备，地面有地漏口。

3. 起居空间

起居空间应在客房的窗前区，放置软座椅、茶几（或小圆桌）供客人休息、会客、观看电视等。

4. 书写及梳妆空间

书写及梳妆空间应安排在床的对面，包括行李台、写字台和电视机。

（1）行李台。行李台的高度为 0.45 米，宽 0.65 米，长 0.7～0.9 米，可以放置客人的行李。

（2）写字台。写字台与化妆台一般为合用，宽为 0.4～0.5 米，高为 0.7 米，写字台上方应设有梳妆镜，电视机放置于写字台上。

二、客房用品的配置

1. 客房用品配置的基本要求

客房布置的内容有两大类，一类是生活用品，如家具；另一类是装饰用品，如字画、工艺品、鲜花等。两类有主有次，相辅相成。客房用品配置的基本要求是：体现客房的礼遇规格、体现宣传推销作用、体现客房设施的配备性。

2. 客房用品的配置规格

（1）卧室

1）壁橱。每床位配两个衣架，两个裤架（裙架），衣刷 1 把。

2）写字台。旅游指南、烟灰缸、信纸、信封。

3）茶几（小圆桌）。烟灰缸、茶具、热水瓶、茶叶。

4）床头柜。电话簿、纸、笔、一次性拖鞋、鞋擦（纸）。

5）床（按单床配用量计）。1 个枕头、1 条床单（白）、1 条被子（含被套，白色）。

（2）卫生间。口杯、毛巾、浴巾、香皂、牙具、梳子、沐浴液、洗发液，以上均按单床配用量计，另还应配有卫生卷纸、防滑垫等。

第 2 节　客房清洁服务程序

➢ 了解客房清洁标准和清扫的基本方法

➢ 掌握清扫的一般程序

一、客房清扫规定

客人一旦进入客房，该客房就应看成是客人的私房，因此，任何服务人员都不能擅自进入客人客房，都必须遵守一定的规定。

例行的客房大清扫工作，一般应在客人不在客房时进行，客人在房时必须征得客人的同意方可进行。以不干扰客人的活动为准。

养成进房前先思考的习惯。服务员在进房前，要尽量替住客着想，分析客人的生活习惯，不要因清洁卫生工作或其他事情干扰了宾客的休息，同时，还应把每次进房时要带的服务用品、生活用品带齐全。

养成进房前先敲门的习惯，等客人允许后，再进入客房。敲门时应用食指或中指轻敲三下，不要用手拍门或用钥匙敲门。敲门的同时应说“服务员”，待客人允许后，方可进入客房。如果确定房内没有客人，方可用钥匙开门进入。被客人叫进客房时，要把门半掩或完全打开，客人让座时，服务员也不能坐下。

清扫房间时，不得乱动客人的东西，除非情况特殊，否则不得使用房内的电视、电话和卫生间。

床上用品和毛巾不能作为擦洗的清洁用具。

二、清洁卫生质量标准

1.“十无”要求

四壁无灰尘、蜘蛛网，地面无杂物、纸屑、果皮，床单、被套、枕套表面无污迹和破损，卫生间清洁无异味，金属把手无污渍，家具无污渍，灯具无灰尘、破损，茶具、杯具无污痕，楼面整洁无“六害”（老鼠、蚊子、苍蝇、蟑螂、臭虫、蚂蚁），房间卫生无死角。

2.“六净”要求

清扫后的客房要做到六净：四壁净、地面净、家具净、床上净、卫生洁具净、物品净。

三、客房清扫基本方法

客房主要是指卧室与卫生间。农家乐接待户客房的清扫主要包括三个方面的工作：清洁整理客房、更换添补物品、检查保养设施设备。

客房清扫的基本方法主要是：

（1）从上到下。

（2）从里到外。

（3）环形清理。

（4）干、湿分开。

（5）先卧室后卫生间。

（6）注意墙角。

四、卧室清扫程序

1. 卧室清扫程序图（见图 6—1）

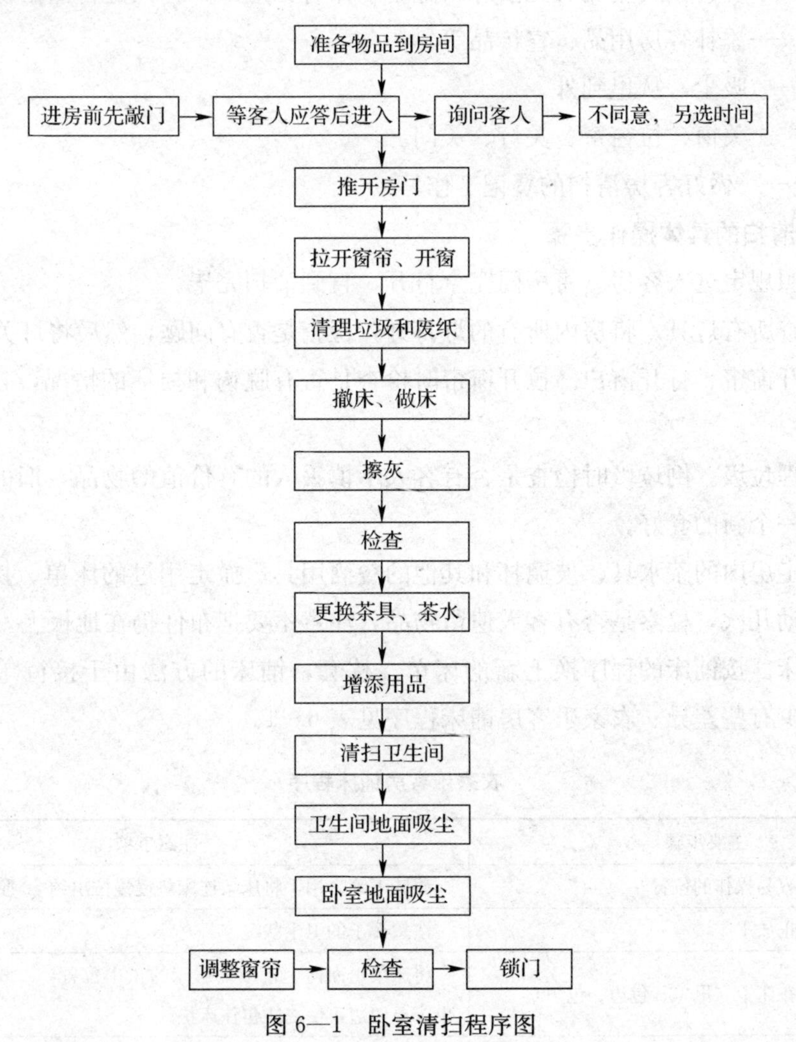

图 6—1　卧室清扫程序图

2. 卧室清理“十字诀”

卧室清扫的程序可用十个字概括：

(1) 开——开门、开窗、拉开窗帘、开灯。

(2) 清——清理烟灰缸、废纸篓和垃圾。

(3) 撤——撤出用过的茶水具、玻璃杯等。

(4) 做——做床，撤走用过的床单、枕套，按铺床程序换上新的床单、枕套。

(5) 擦——擦家具设备用品，从上到下，环形擦拭。

(6) 查——检查家具用品有无损坏，配备物品有无短缺，客人是否遗留物品。

(7) 添——添补客房用品、宣传品等。

(8) 吸——吸尘，从里到外。

(9) 关——关窗、拉窗帘、关灯、关门。

(10) 登——做好客房清扫的登记工作。

3. 卧室清扫的具体操作步骤

(1) 按照规定进入客房。将房门完全打开，直到清扫完毕。

(2) 检查所有灯具。将房内所有的灯打开，检查是否有问题，然后将灯关上。

(3) 拉开窗帘、打开窗户。拉开窗帘时检查是否有脱钩和损坏的情况，打开窗子，加大通风量。

(4) 清理垃圾。倒垃圾时检查是否有客人不慎丢入的有价值的物品，旧的垃圾袋扔掉后，应再放一个新的套好。

(5) 撤走房内的茶水具、玻璃杯和其他的餐酒用具。撤走用过的床单、枕套：在撤床单时，要抖动几次，检察是否有客人遗留物品，注意不要把布件扔在地板上。

(6) 做床。按铺床的程序换上新的床单、枕套，铺床的方法由于接待单位的要求不同，因而多少有些差异。农家乐客房铺床程序见表 6—1。

表 6—1　　　　农家乐客房铺床程序

主要步骤	注意事项
1. 将床拉到容易操作的位置	屈膝下蹲，用手将床架连床垫慢慢拉出约 50 厘米
2. 将床垫拉正放平	注意褥子的卫生状况
3. 将床单铺在床上（甩单、包边、包角）	将床单正面向上，中线居床的正中位置，二线合一；均匀留出床单四边，使之能包住床垫
4. 装枕（装芯、定位、整形）	将枕芯装入枕套；将枕头放在床头正中，距床头约 5 厘米；枕套的缝线对床头

续表

主要步骤	注意事项
5. 装被褥（定位、罩枕、整形）	将褥子装入被套中；装好的被褥与枕头平齐，注意枕线的平直；整个床面应平整，无皱褶
6. 将床推回原位	用腿将床慢慢推进床头板下；再一次检查床是否铺得整齐美观

(7) 擦拭灰尘、检查设备。从房门开始，按环形路线依次把客房内各家具、用品抹干净，不漏擦。农家乐擦拭灰尘程序见表 6—2。

表 6—2　农家乐擦拭灰尘程序

主要步骤	注意事项
房门	房门应从上到下，内外面抹擦，查看门锁是否灵活
壁橱	要把整个壁柜擦干净，擦净衣架，检查衣架、衣刷是否齐全
行李架	擦净行李架内外，包括面和挡板
写字台	写字台抽屉要逐个拉开擦。写字台上如有台历，要每天翻新，写字台或服务夹内的服务用品如短缺或破损要及时更新
梳妆台	擦拭梳妆镜要用一块干的和一块湿的抹布擦
电视机	用干布擦拭电视机，同时打开电视机开关，检查是否有问题
窗台	窗台先用湿布擦拭，玻璃窗的窗槽内如有灰尘，要及时清除，同时检查窗帘开启是否灵活
沙发、茶几	擦拭沙发时，可用干布掸去灰尘，注意清理沙发靠背与沙发垫缝隙间的脏物，茶几先用湿布擦净再用干布擦干，茶几上的茶水用品要及时添加
床头板	擦拭床头灯，灯罩灯架和床头挡板，擦完床头后，再次将床头部分整理平整
床头柜、电话机	擦拭电话时，首先检查电话是否有故障，然后用湿布抹去话筒灰尘，用酒精棉擦拭话机外壳；检查床头柜上的服务用品是否齐全，及时添加
装饰画	先用湿布擦拭画框，然后用干布擦拭画面，摆正画面

(8) 吸尘（拖地）。吸尘时由里到外，每个角落都要吸到，同时拉好窗帘，关好窗子，调整家具位置。

(9) 离开客房之前自我检查和回顾一遍，看是否有漏项，工作是否全面。

(10) 关掉所有灯具开关，将房门锁好。

(11) 登记客房清洁整理情况。

五、卫生间清扫程序

卫生间是客房中被客人特别注意的项目之一，因为其不少设备、用品都要与客人的皮肤直接接触，卫生间是农家乐接待户等级水平的重要设施和标志之一，既要清洁美观，又要符合卫生标准。

1. 卫生间清扫程序图（见图 6—2）

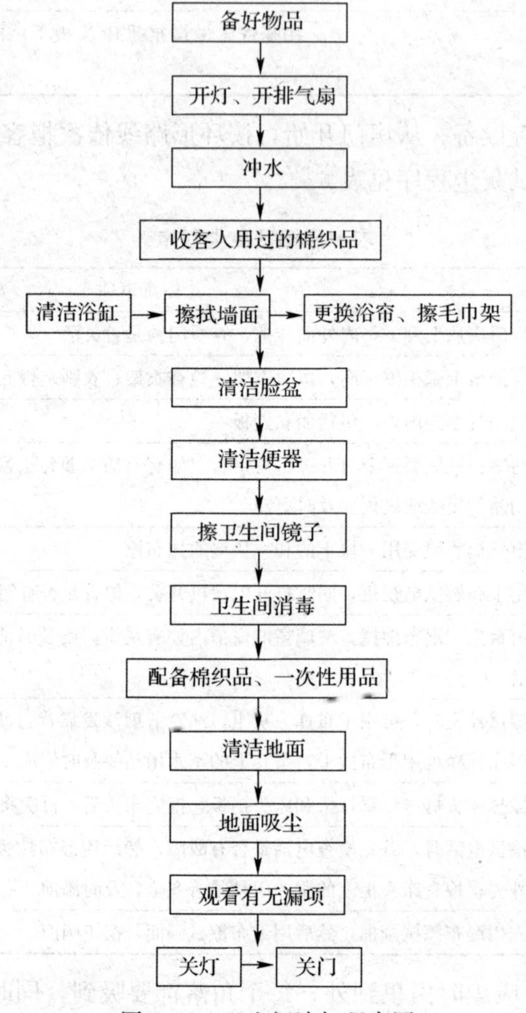

图 6—2　卫生间清扫程序图

2. 卫生间清扫“十字诀”

（1）开——开灯、开换气扇。

（2）冲——放水冲便器，滴入清洁剂。

（3）收——收走客人用过的毛巾、洗涮用品及垃圾袋。

（4）洗——清洗浴缸、墙面、脸盆、抽水便器。

（5）擦——擦干所有设备和墙面。

（6）消——对各个部位进行消毒。

（7）添——添补卫生间的棉织品和消耗品。

（8）刷——刷洗卫生间地面。

（9）吸——用吸尘器对地面吸尘。

（10）关——检查完毕后关灯关门。

3. 卫生间清扫具体操作步骤

（1）打开卫生间的灯，打开换气扇。

（2）放水冲便器，然后在便器的清水中倒入清洁剂，浸泡数分钟。

（3）取走用过的毛巾、浴巾等棉织品。

（4）收走卫生间用过的消耗品，清理垃圾。

（5）清洁浴缸，将浴缸旋塞关闭，放少量热水和清洁剂，用百洁布从墙面到浴缸里外清洗，然后放走污水，打开水龙头，冲净污水。同时清洁浴帘和各种金属器件（龙头、浴帘杆），最后用干布将墙面、浴缸、浴帘擦干。清洁浴缸的方法为由上到下。

（6）清洁脸盆和化妆台（云台），用百洁布蘸上清洁剂将台面、脸盆和不锈钢件清洁，然后用清水刷净，用布擦干。

（7）擦干镜面，可在镜子上喷少许玻璃清洁剂，然后用干布擦干擦亮。

（8）清洁便器，用便刷刷清便器内部，并用清水冲净，然后清洁便器水箱、座沿盖子的内外部及底座，用专用的干布将便器外部擦干。浴缸、便器的干湿抹布应严格区别使用；禁止用客人用过的毛巾、浴巾等当作抹布。清洁完毕后将盖子放下，放上“已消毒”的封条。

（9）对卫生间各部位消毒。

（10）补充卫生间用品。按规定的位置放好毛巾、浴巾、地巾、浴皂、香皂、牙具、浴帽、浴液、洗手液、梳子、香巾纸（面纸），卫生纸及卫生袋等用品。

（11）把浴帘拉好，一般拉出三分之一即可。

（12）清洁脸盆下的排水管。

（13）从里到外边退边清洁地面，如要冲刷，冲刷后须擦干地面。

（14）环视卫生间，检查清洁工作是否全部到位，然后带走全部清洁工具，关灯、关门。

4. 清扫卫生间的注意事项

（1）卫生间的干、湿抹布必须要与卧室的干、湿抹布分开使用。

（2）卫生间内的浴缸、便器、洗脸盆的干、湿抹布必须分开，绝不能一块抹布用到底。

（3）卫生间的清洁卫生一定做到：整洁、干燥、无异味、无毛发、无脏迹、无皂迹、无水迹。

第 3 节　客房对客服务的程序

学习目标

➢ 了解农家乐服务人员在工作过程中的服务内容

➢ 熟练掌握住宿登记过程

知识要求

客房的接待服务是农家乐接待服务的一项主体工作，客房的接待服务不仅要以整洁、舒适、安全的客房迎接客人，而且还要随时用主动、热情、耐心、周到的服务，使游客“来得高兴、住得满意、走得愉快”。客房对客服务程序一般分为四个环节，迎客准备工作、客人到达后的接待工作、住客的服务工作、客人离店结束工作。

一、迎客准备

1. 了解情况

农家乐接待户接到游客即将到达的通知时，应详细了解客人到达的时间、人数、身份，了解接待单位、客人生活标准和收费办法，还须了解客人的活动日程及其他要求等，做到情况明、任务清。

2. 为客人准备好各种消耗用品

根据接待标准和客人的要求，调整家具设备，补充生活用品和卫生用品。备好茶水。如接待重要客人，要根据接待规格，在客房内准备好鲜花、水果等物品。

3. 检查设备和用品

客房布置好以后，要进行一次细致的检查，房内的家具、电器、卫生设备如有破损，要及时更换。前一天未住人的客房要试放冷热水，并检查相应配备的物品是否齐全。在冬夏两季，要提前开启房内空调。

二、客人接待

1. 热情迎客

客人到达时，接待户的主要成员要在厅堂门口热情欢迎宾客的到来，主动使用礼貌服务用语，如“您好，欢迎您来×××旅游”。主动帮助提拎宾客的行李到厅堂。并热情招呼客人就座休息，如“各位游客请稍等片刻”。

2. 办理住宿登记

农家乐接待户应根据客人的要求或针对具体情况，灵活办理住宿登记。如客人旅途劳累，可先安排客人进房间，然后办理住宿登记。办理住宿登记时要向客人详细讲清房型、价格，根据人数合理安排房间。

3. 引领客人进房间

农家乐服务人员应主动热情引领客人进房间，并且要主动帮助客人提携行李，上楼梯时应提醒游客注意安全。进入客房时，应先将门打开、请游客先进入，进入客房后，先简单介绍房内相关设备的使用须知，最后问清客人是否还有其他要求，然后退出房间把门关上。

三、住客服务

住客服务即对住宿客人的服务，包括常规性服务和针对性服务，所谓常规性服务，就是指客人入住后的日常服务工作，是农家乐接待服务规定中明确要求的服务；而针对性服务主要是指对不同类型的客人提出各种特殊的服务要求而提供的服务。在农家乐接待服务中，首先要做好对住宿客人的常规性服务。

1. 整理客房

客人住宿期间，要经常保持客房整洁，按相关规定对客房进行清扫。保持客房清洁要做到定时和随时相结合：每天上午按照程序进行彻底清扫和整理，午餐前进房暖瓶换水，午休后进行简单整理，晚饭后进房送水。客人外出后可随时进房进行简单的清扫，对住宿客人的客房应每天整理一次，除床单和枕套以外，其他所有物品都要更换或增添，且根据农家乐旅游服务质量等级划分标准执行。

2. 客房保安

安全是客人的第一需要，农家乐接待户首先要保护好住宿客人的人身与财产安全，要检查房内设备有无不安全因素，对电器设备、门锁、窗户等进行重点检查。客人外出旅游期间，不得将非本户住宿人员引领进客人的房间，更不能让其拿走客人的行李和物品。另外，还应替住宿客人保密。有关客人的身份、携带的物品及客人的活动行踪不得告诉他人。

3. 其他服务

农家乐接待户可根据自身的设备条件和服务能力，提供相应的服务，如洗衣服务、叫醒服务、擦鞋服务、客房送餐服务等。

四、结束工作

客人退房前后的服务是对住客服务的最后一个环节。客人住宿期间，农家乐的接待人员要千方百计地为客人提供了热情、周到的服务。如果在最后一个环节遭到破坏，那会损害客人对整个接待过程所有的良好印象，只有认真做好送客服务工作，才能争取更多的“回头客”。

1. 退房前的准备工作

得知客人的退房要求后，要迅速做好各种结账准备工作，做到准确无误。要询问客人退房前还需办理哪些事情，如是否用餐、是否要叫出租车，如果有些事情涉及其他部门，要及时联系。要征求即将退房客人的意见，并提醒客人仔细检查自已的行李物品，不要遗忘在房间。

2. 临行时送别工作

办理完结账手续以后，农家乐接待户的主要成员要目送或随送客人出门，并祝客人旅途愉快，欢迎客人下次再来旅游。

3. 退房后的清洁工作

游客离开后，要及时对客房进行全面、彻底的清洁整理工作，检查客人有无遗留物品，处理好客人交代的代办事项。至此，对客服务工作才算完成，又开始新的循环。

第 4 节　客房服务的有关注意事项

- 掌握客房服务的有关事项
- 能够熟练化解突发事件

知识要求

在客房服务中会遇到各种各样的客人，也会遇到各种各样的问题，这些问题处理的好坏，往往直接影响农家乐旅游活动的声誉，需要引起部门接待服务人员的高度重视。

一、客人物品丢失的处置

在客人住宿过程中，随身携带的小件物品，甚至贵重物品，由于种种原因可能丢失，客人着急，请求找回。这种事故的处理程序如下：

（1）安慰并帮助客人回忆物品可能丢失在什么地方，请客人提供线索，分析是否确实丢失。

（2）在客房查找过程中，请客人耐心等待或让客人在现场一起寻找，查找工作一般由接待单位带队人员及团队中的主要负责人负责。

（3）经多方查找仍无结果或原因不明，没有确切事实认定在房间内或某人盗窃的，接待户不负赔偿责任，但应向客人表示同情和耐心解释，并请客人留下地址、电话，以便今后联系。

（4）将整个情况详细记录，并请有关当事人签字，以备核查。

二、客人遗留物品的处理

（1）详细记录拾到物品的地点、时间、物品名称，拾获者的姓名，离店客人的姓名。

（2）将该情况详细报告接待单位相关部门或报告旅游团队、组团旅行社。

（3）将物品交有关部门处理。

（4）对已知遗留物品客人姓名、住址或单位的，应及时与之联系，设法交还。

（5）对拾获客人遗留物品不上交者，经查出，要严肃处理。

三、客人突发疾病的处置

个别客人因旅途劳累或水土不服，可能会突然得急病，遇到这种情况的处理方法如下：

（1）服务人员不要轻易乱动客人或擅自拿药给客人吃，应立即协同旅客中有关负责人员报告组团旅行社或接待单位相关部门。

（2）配合旅行社或接待单位相关部门做好相关工作，如送医院等。

（3）平时加强食品卫生防疫工作，做到防止病从口入。

测试题

一、单项选择题（选择一个正确的答案，将相应的字母填入题内的括号中）

1. 客房要有四个空间：（　　）、卫生空间、起居空间和书写及梳妆空间。

A. 睡眠空间　　B. 睡床空间　　C. 床头柜空间　　D. 床垫空间

2. 客房物品配置的（　　）是：体现客房的礼遇规格，体现宣传推销作用，体现客房设施的配备性。

A. 必要要求　　B. 基本要求　　C. 基本配置　　D. 必要配置

3. 客房大清扫工作，一般应在客人（　　）时进行，客人在房时必须征得客人的同意方可进行。以不干扰客人的活动为准。

A. 无所谓在不在客房　　B. 不在客房

C. 可以在客房　　D. 在客房

4. 客房大清扫工作，一般应在客人不在客房时进行，客人在房时必须征得客人的同意方可进行。以（　　）客人的活动为准。

A. 不影响　　B. 不打扰　　C. 不干扰　　D. 不骚扰

5. 清扫后的客房要做到六净：（　　）、地面净、家具净、床上净、卫生洁具净和物品净。

A. 四壁净　　B. 墙面净　　C. 墙角净　　D. 窗户净

6. 客房主要是指（　　）。农家乐接待户客房的清扫主要包括三个方面的工作：清洁整理客房、更换添补物品、检查保养设施设备。

A. 卧室与卫生间　　B. 卧室与洗手间

C. 起居间与卫生间　　D. 起居间与会客间

7. 客房主要是指卧室与卫生间。农家乐接待户客房的清扫主要包括三个方面的工作：（　　）、更换添补物品、检查保养设施设备。

A. 清扫整理客房　　B. 清洁整理客房

C. 清洁整理卧床　　D. 清扫整理卧床

8. 卧室清扫的具体操作步骤：按照规定进入客房、（　　）、拉开窗帘、打开窗户、清理垃圾、撤走房内的茶水具、玻璃杯和其他的餐酒用具、做床、擦拭灰尘，检查设备、吸尘（拖地）等程序。

A. 检查所有电器　　B. 检查所有灯具

C. 检查所有用具　　D. 检查所有器具

9.（　　）的清洁卫生一定做到：整洁、干燥、无异味、无毛发、无脏迹、无皂迹、无水迹。

A. 卫生间　　B. 厨房间　　C. 厕所　　D. 地面

10. 农家乐接待户接到游客即将到达的通知时，应（　　）客人到达的时间、人数、身份，了解接待单位、客人生活标准和收费办法，还须了解客人的活动日程及其他要求等，做到情况明、任务清。根据接待标准和客人的要求，调整家具设备，补充生活用品和卫生用品。备好茶水。如接待重要客人，要根据接待规格，在客房内准备好鲜花、水果等物品。

A. 详细了解　　B. 初步了解　　C. 大致了解　　D. 一般了解

11. 农家乐接待户应根据（　　）或针对具体情况，灵活办理住宿登记。办理住宿登记时要向客人详细讲清房型、价格，根据人数合理安排房间。

A. 客人的要求　　B. 客人的需求　　C. 游客的需求　　D. 游客的要求

12. 在农家乐接待服务中，首先要做好对住宿客人的（　　）。其次，农家乐接待户可根据自身的设备条件和服务能力，提供相应的服务，如洗衣服务、叫醒服务、擦鞋服务、客房送餐服务等。

A. 常规性服务　　B. 常规性接待　　C. 针对性服务　　D. 针对性接待

13. 在农家乐接待服务中，首先要做好对住宿客人的常规性服务。其次，农家乐接待户可根据自身的设备条件和服务能力，提供（　　），如洗衣服务、叫醒服务、擦鞋服务、客房送餐服务等。

A. 相对的服务　　B. 相对的接待　　C. 相应的服务　　D. 相应的接待

14. 客人退房前后的服务是对（　　）的最后一个环节。客人住宿期间，农家户的接待人员千方百计地为客人提供了热情、周到的服务。如果在最后一个环节遭到破坏，那会损害客人对整个接待过程所有的良好印象，只有认真做好送客服务工作，才能争取更多的“回头客”。

A. 住客服务　　B. 接待服务　　C. 住宿服务　　D. 客房服务

15. 客人退房前后的服务是对住客服务的最后一个环节。客人住宿期间，农家户的接待人员千方百计地为客人提供了（　　）的服务。如果在最后一个环节遭到破坏，那会损害客人对整个接待过程所有的良好印象，只有认真做好送客服务工作，才能争取更多的“回头客”。

A. 热情、细致　　B. 细致、全面

C. 热情、周到　　D. 周到、全面

16. 在客人（　　），随身携带的小件物品，甚至贵重物品，由于种种原因可能丢失，经多方查找仍无结果或原因不明，没有确切事实认定在房间内或某人盗窃的，接待户不负赔偿责任，但应向客人表示同情和耐心解释，并请客人留下地址、电话，以便今后联系。

A. 住宿过程中　　B. 游览过程中　　C. 参观过程中　　D. 餐饮过程中

17. 详细记录拾到物品的（　　），拾获者的姓名，离店客人的姓名。将该情况详细报告接待单位相关部门或报告旅游团队组团旅行社。将物品交有关部门处理。对已知遗留物品客人姓名、住址或单位的，应及时与之联系，设法交还。对拾获客人遗留物品不上交者，经查出，要严肃处理。

A. 地点、时间、物品名称　　B. 气温、地点、时间

C. 地点、气温、物品名称　　D. 时间、气温、物品名称

18. 个别客人因旅途劳累或水土不服，可能会突然得急病，服务人员不要轻易乱动客人或（　　）给客人吃，应立即协同旅客中有关负责人员报告组团旅行社或接待单位相关部门。

A. 协助医务人员　　B. 擅自拿水　　C. 擅自拿药　　D. 马上拿药

二、技能测试题

铺设中式标准单人床 2 张。

测试题答案及评分表

一、单项选择题

1. A　2. B　3. B　4 C　5. A　6. A　7. B　8. B　9. A　10. A　11. B　12. A　13. C　14. A　15. C　16. A　17. A　18. C

二、技能测试题

按中式铺床规程操作。

编号	评分要素	配分	分值	评分标准	实际得分
1	移动床位	2	2	屈膝下蹲，用手将床架连床垫慢慢拉出约 50 厘米	
2	拉正床垫，铺床单	6	2	注意褥子的卫生状况	
			4	将床单正面向上，中线居床的正中位置，二线合一，均匀留出床单四边，使之能包住床垫	

续表

编号	评分要素	配分	分值	评分标准	实际得分
3	装枕头	4	2	将枕芯装入枕套	
			1	将枕头放在床头正中，距床头约5厘米	
			1	枕套的缝线对床头	
4	装被褥	6	2	将褥子装入被套中	
			2	装好的被褥与枕头平齐，注意枕线的平直	
			2	整个床面应平整，无皱褶	
5	床位复位，最终检查	2	2	用腿将床慢慢推进床头板下，再一次检查床是否铺得整齐美观	
合计配分		20	合计得分		

第 7 章

农家乐餐饮服务

第1节　基本素质和行业规范

学习目标

➢了解餐饮服务的服务人员基本素质

➢掌握餐饮服务的行业规范

知识要求

餐饮服务在农家乐接待服务中占有相当重要的地位，从事餐饮服务的接待户服务员始终面对客人服务，除了必须掌握餐饮服务的相关技巧与服务程序以外，还应有良好的服务姿态、谈吐和观察能力、沟通能力。

一、服务人员基本素质

1. 服务姿态

（1）站立。两臂自然下垂，两手体前自然相握，抬头、挺胸、收腹，目光平视面带微笑，两脚之间有一拳相隔，不可叉着胳膊、弯腿或倚靠柱子、餐台、柜台或墙面。双手不可插入衣裤袋内，脚不能抖动，不相聚闲谈。

（2）托盘行走。抬头、平视、左手托托盘，右手自然下垂，行走时右手自然摆动，面带微笑，步伐轻快，要保持托盘平稳，步子不要太大，传递任何物品都必须使用托盘。

（3）微笑。微笑需发自内心，微笑自然，一般是在同宾客目光接触时微笑。

2. 服务人员岗位职责

（1）着装整洁，待人礼貌，热情迎客。

（2）餐桌摆位，做好服务前的一切准备工作和卫生清洁工作。

（3）熟悉菜单上各种不同的菜肴，了解其原、配料、烹调方法及口味，掌握菜肴服务方式，掌握各类酒水、饮料的开启、斟倒要求。

（4）按规定的服务程序和规格，为游客提供优质的服务。

（5）宾客走后翻台，为下一餐摆好餐位。

（6）诚恳接受客人投诉，并向管理人员汇报。

（7）准确、迅速、礼貌地做好结账收款工作。

(8) 用餐结束后，礼貌地与客人告别，并做好结束工作。

二、餐饮行业基本规范

(1) 要有良好的仪容仪表，着装规范，讲究个人卫生。

(2) 礼貌待客，在服务场所碰到客人必须向客人问好。

(3) 不允许在宾客面前攀谈和有任何不文雅的言行举止，如梳头、手插口袋、吐痰等。

(4) 当班前不允许吃有异味的食品，客人的就餐场所和厨房禁止抽烟。

(5) 服务规范主动，行为举止合乎情理。

(6) 不要伏在桌上开单，不要将托盘放在宾客餐桌上。

(7) 不与客人争辩，若宾客出言不逊，不要流露不悦。

(8) 客人用餐时间过长，不要流露厌烦情绪。

(9) 使用普通话。

(10) 始终保持微笑、友善的姿态。

第 2 节　餐饮服务的基本技能与程序

学习目标

➢ 熟悉服务的基本程序

➢ 掌握基本技能

知识要求

餐饮服务是一项技术性较强的工作，服务人员必须掌握各种服务技能，如托盘、斟酒、摆台、上菜、分菜、折花等。农家乐接待服务人员学习和掌握这些基本技能，是做好餐饮服务的必要条件。

一、餐饮服务的基本技能

1. 餐巾折花

餐巾是一种四边相等的小方布巾，它的规格一般是边长 49～65 厘米的正方形。色泽基本是白色，印有或绣有花纹图案，给人以洁白庄重、恬静雅致的感觉。根据需要，还有粉红、鹅黄、浅黄、浅蓝等有色彩的餐巾，它能给进餐环境增添欢悦热烈的气氛。餐巾是就餐用的保洁方巾，宾客将餐巾放在膝上或衣襟上，以免菜汁、酒水弄脏衣服。

将餐巾叠成各种花形，能使餐台显得美观大方。运用餐巾折花的不同形状及摆设，可以标志宾主席位，便于入座。

(1) 餐巾折花造型的种类。餐巾折花的品种众多，按折叠方法与摆设工具的不同，可分为杯花和盘花两大类。杯花一般需插入杯中以完成造型，取出杯子即散形；盘花造型完整，成形后不会自动散开，可放于盘中或其他盛器及台面上。

餐巾折花较多地趋向于盘花。它的特点是：造型快速便当、美观大方、技法简单，受到饭店的欢迎。

按餐巾折花造型的外观分类，可分为植物、动物、实物造型三大类。

(2) 餐巾折花的摆设要求。插入杯中的餐巾折花要恰当掌握深度。插时要保持花形的完整，杯内部分也应线条清楚。插花时要慢慢顺势插入，不能乱插乱塞或硬性塞入，以防杯口破裂。插入后，要再整理一下花形。盘花则要摆正摆稳，挺立不倒。主花要摆插在主位。一般的餐巾花摆插在其他宾客席上，高低均匀，错落有致。摆插餐巾折花时，要将其观赏面朝向宾客席位，适合正面观赏的花形如孔雀开屏、和平鸽等，要将头部朝向宾客。适合侧面观赏的花形要选择一个最佳观赏角度摆放。不同品种的花形同桌摆放时位置要适当，将形状相似的花形错开并对称摆放。一般不宜将相同的花形挤在一直。各种花之间距离要均匀，整齐一致。

(3) 餐巾折花的基本方法。餐巾折花的折叠方法众多，但无论哪种花形，哪种方法，又有共同的基本操作技法和要领。这些技法，概括起来可分为叠、折、卷、穿、攥、翻、拉、掰、捏九种。折叠不同类型的花形，须运用不同的折叠方法。折叠时，或单独运用一种手法，或穿插运用几种手法。

2. 摆台

摆台是农家乐餐饮服务人中必须掌握的一项基本技能，摆台的基本要求是餐具图案对正、距离匀称、整齐美观、清洁大方，为参加农家乐旅游的宾客提供一个舒适的就餐位置和一套必需的就餐用具。

摆台时，就要依据农家乐接待户餐厅规格和就餐的需要以及不同的餐别选择相应的餐具来摆设，中餐的摆台用具主要有餐碟、筷子、筷架、汤勺、汤碗、味碟、水杯、葡萄酒杯、烈性酒杯、牙签等。

(1) 中餐10人桌座次的确定。主人坐在厅堂的正面，副主人与主人相对而坐，主人的左右侧安排主、次宾席，在副主人两侧安排第三、四宾，其他座位为翻译与陪同，如图

7—1 所示。

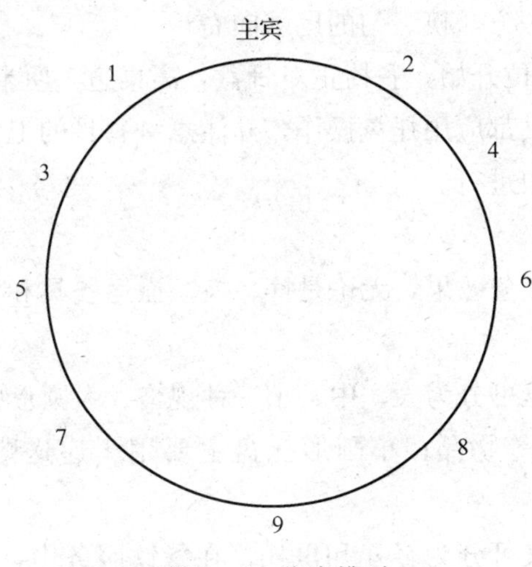

图 7—1　位次排列

（2）中餐摆台的程序。中餐摆台主要分为两种方式：一种是便餐摆台，一种是宴会摆台。结合农家乐旅游服务的特点，着重要求农家乐餐饮人员掌握中餐的便餐摆台。

1）铺台布。台布的规格有多种，使用时应根据餐桌的大小选择合适的台布，如 10 人座的圆桌应用直径 220 厘米的台布，8 人座的圆桌应用直径 180 厘米的台布。铺台布时，服务员站在主位的一侧，用双手将台布抖开铺在台面上，台布折缝朝上，台布的四角要和桌腿成直线下垂，四角要与地面等距离。铺好的台布要平整无皱纹。图案花纹置于餐台正中。如图 7—1 所示：在摆台时要注意台布中间折纹的交叉点应正好在餐台的中心处，中心线直对正、副主人席位。

2）摆放转台。在铺台布的位置摆上转台，转台应居于餐桌中心。

3）摆花瓶。花瓶放在转台的中央。

4）摆骨盆。从主人位置开始，顺时针方向进行，骨盆放在距离桌边 1.5 厘米处，各餐位上的骨盆间的距离要均匀一致。

5）摆汤碗、调羹、味碟。汤碗中放汤羹，调羹柄朝左边，汤碗与味碟间相距 1 厘米，并平行地放在骨盆上方 1 厘米处。

6）摆筷子、筷架、牙签。牙签放在骨盆右侧 1 厘米处，并与骨盆中心线对齐，筷架放在味碟右上沿对齐相距 1 厘米，筷子置于筷架上，正面朝上，筷子底部离桌边 1.5 厘米。

7）摆酒具。水杯放在汤碗与味碟之间的正上方，再在筷子右边 1 厘米处放小茶杯，小茶杯与骨碟中心线对齐。

8）摆公筷、公勺。公筷架放在正、副主人位的上方，离转台 5 厘米，公筷在靠近转台一方，公勺在靠近餐位一方，筷、勺的尾部向右。

9）拉出席位。从主人位开始，餐椅正对骨盆，离桌边 1 厘米。

摆台过程中，所有餐具都应用托盘操作，并注意拿餐具的卫生要求，所有的餐具都从主人开始摆放，顺时针方向进行。

3. 托盘

为了提高服务质量和服务效果，无论是摆、换、撤运餐具和酒具，还是传菜、递送酒水等服务，都要使用托盘。

根据不同的用途，托盘可分为大、中、小三种规格。大圆形托盘和中圆形托盘一般用于托运菜点、酒水和盘碟等物品；小圆形托盘主要用于递送账单、收款、递送信件等物品。

根据托盘的使用方式又可分为轻托和重托，在餐饮服务中，使用较为广泛的是轻托，轻托的操作程序主要分为以下四个步骤。

（1）理盘。根据不同用途选择好托盘，洗净擦干。为了使托盘的卫生达到无菌要求，还可以在盘内垫上经过消毒的茶巾或专用盘布，盘布要铺平拉正，四边与盘底相齐。整理铺垫后的托盘，既整洁美观，又可避免盘内的物品滑动。在盘布上洒些清水更能防止物品滑动。

（2）装盘。要根据物品的形状、体积和使用的先后次序合理地进行装盘。盘内的物品要排放整齐，摆成弧形或横竖成行。在几种物品同装时，一般是重物、高物放在托盘的里档；轻物、低物放在外档；先上桌的物品在上、在前，后上桌的物品在下、在后。盘内物品的重量分布要得当，这样装盘安全稳妥，便于运送和进行有条不紊地派用。

（3）起托。左手臂自然弯成 90°角，掌心向上，五指分开，以拇指指端到手掌的掌根部位和其余四指托住盘底，手掌自然形成凹形，掌心不与盘底接触，平托于胸前。手指随时根据盘上各侧面的轻重变化而做相应的调整，以使托盘平稳。

（4）行走。行走时要头正肩平，上身挺直，两眼注视前方，步履轻快，托盘不贴腹，托托盘的手腕要轻松灵活，托盘在左侧胸前，上臂不靠身体，随着走路的节奏自然摆动。行走时，切忌僵硬死板，否则，托盘中的汤汁、酒水容易外溢。勿以拇指向上按住盘边托盘，这样显得不美观、不礼貌。

（5）在使用托盘时要注意如下的注意事项。

1）在行走时，托盘的摆动幅度不宜过大。

2）使用托盘为客人斟酒时，要随时调节托盘重心，当心托盘打翻，酒水泼洒在客人身上，不可将托盘越过客人头顶，使用托盘的左手应向后自然延伸。

3）随着撤碟的进行，托盘中物品的数量、重量、重心都在不断地变化，所以左手的手指要不断地移动，以掌握好托盘的重心。撤下的餐碟要摆放合理，托盘总的要求就是要做到平、稳、松。

4. 斟酒

在餐饮服务中，需由服务员为宾客斟酒。尤其是酒水的品种较多，斟酒技艺要求较高，要做到不滴不洒、不少不溢。

（1）斟酒前的准备工作。在斟酒前须将酒瓶擦拭干净，特别是瓶口部位。检查酒水质量，如发现瓶子破裂，或酒水中有悬浮物、浑浊、沉淀时，应及时调换。开葡萄酒时，服务员先用洁净的餐巾把酒瓶包上，然后切掉瓶口部位的锡纸，并揩擦干净，用开酒钻的螺旋锥转入瓶塞，将瓶塞慢慢拔开，再用餐巾将瓶口擦干净。

在开瓶过程中，动作要轻，要避免摇动酒瓶时将瓶底的酒渣泛起，影响酒味。开瓶前，应持瓶向宾客展示。

开啤酒时，动作要轻，以免使瓶口破裂。不管是开启何种酒水都不应在客人的餐桌上进行。

（2）斟酒的姿势和位置。服务员斟酒时，左手持一块洁净的餐巾随时擦拭瓶口，右手握酒瓶的下半部，将酒瓶上的商标朝外显示给宾客，让宾客一目了然。斟酒时，服务员站在宾客的右后侧、面向宾客，将右臂伸出进行斟倒。身体不要贴靠宾客，要掌握好距离，以方便斟倒为宜。身体微前倾，右脚伸入两椅之间是最佳的斟酒位置。

（3）斟酒量。中餐斟倒各种酒水，一律以八分满为宜，以示对客人的尊重，红葡萄酒应斟至杯的二分之一，白葡萄酒应斟至杯的三分之二，斟香槟酒和啤酒时要分两次进行，先斟至杯的三分之一，等泡沫平息后，再斟至杯的三分之二。

（4）斟酒顺序。先宾后主、先女后男是斟酒顺序的原则。以中餐为例，应从主宾位置开始，顺时针方向，依次斟倒，直至主人。

（5）斟酒的注意事项。斟酒时，瓶口不可搭在酒杯口上，以相距 2 厘米为宜，以防止将杯口碰破或将酒杯碰倒。但也不要将瓶拿得过高，过高则酒水容易溅出杯外。斟酒时，要随时注意瓶内酒量的变化情况，以适当的倾斜度控制酒液流出速度。因为瓶内酒量越少，流速越快，酒流速过快容易冲出杯外。

斟啤酒时，因为泡沫较多，极易沿杯壁溢出杯外。所以，斟啤酒速度要慢些，也可分两次斟或使啤酒沿着杯的内壁流入杯内。

由于操作不慎而将酒杯碰翻时，应向宾客表示歉意，立即将酒杯扶起，检查有无破损。如有破损要立即另换新杯，如无破损，重新斟酒。如果是宾客不慎将酒杯碰破、碰倒，服务员也要这样做。

5. 上菜

上菜是服务员将冷、热菜按规格和一定程序奉上餐桌的一种服务方式，中餐上菜，一般是先上冷菜，以便下酒，然后视冷菜食用情况适时上热菜，最后上汤菜、点心、水果。

上菜时服务员应在翻译和陪同之间侧身将热菜放置转台中央，同时报菜名或对菜肴作简单介绍。每上一道菜前，应先撤掉转台上的空菜盘。如还有剩菜，先征询客人的意见后将剩菜转移到小盆里。上配有佐料的菜肴时，佐料和菜肴要一次上齐，切勿遗漏，并向客人介绍食用方法，容易变形的菜肴如海鲜、锅巴，应快速上桌，炖品类的菜要上台后再开启盖子。

上菜过程中要注意摆菜的位置，如摆冷菜时要注意荤素、颜色口味的搭配和间隔，盘与盘之间的距离相等，摆放热菜时切忌菜盘重叠，转台上的菜盘数量不宜过多。

6. 其他服务

餐饮服务员除了要掌握上述几种基本服务技能以外，还应根据客人的用餐情况，适时地做好席间各项服务。服务员在收拾台面时，要按规格和程序进行操作，动作要干净利索，具体要求如下：

一定要保持餐桌清洁。宾客就餐时，服务员要注意观察其动态，当宾客吃完一道菜后服务员应先询问："可以撤掉吗？"宾客给予肯定答复后才能撤换。

左手托盘，右手撤餐具。不能将托盘放在餐台上收餐具，动作要轻、稳，防止餐具碰出响声。禁止当着宾客刮盘。

徒手撤盘时，站在宾客右侧，用右手撤下，将其放入左手心后，左手要移到宾客身后。撤盘时手指不能伸入盘内，撤酒水杯只能持杯颈或杯子下半部。移送脏碟不要将残菜或汤汁洒在地上或宾客身上。

如果餐桌台面上有剩余食物，一定要用叉匙或其他工具拿取，不可用手直接去抓。

二、餐饮服务的基本程序

1. 早餐服务程序

（1）餐前准备。开餐前，应检查餐厅是否按要求摆好餐位，台椅摆放是否整齐美观，餐厅环境卫生是否干净。

备好各种茶叶，上好开水及各种佐料、开餐用具。将备用餐具摆放在规定好的固定位置。

搞好个人卫生，佩戴好员工号牌，仪表整洁，做好开餐前的一切准备工作。

（2）问位开茶。餐前饮茶的习惯，流行于我国南方，特别是东南沿海一带。因此"问位开茶"成了餐前必不可少的服务环节。开茶的具体做法是：

当宾客进入餐厅，迎宾服务员面带笑容接待宾客，并致问候。问清人数后，由领位员将宾客带到合适的餐台安排就座。

值台服务员应为宾客拉椅让座，送上香巾后开茶。因各人饮茶习惯不同，所以要向宾客问茶，在征询宾客意见后，按需开茶，并可根据宾客对茶叶的喜好，介绍适宜品种。

为宾客开茶时，不能直接用手抓茶叶往茶壶里放，应用茶勺按茶位放茶，放时应注意卫生，茶量准确。开茶到台，应在宾客的右侧斟倒第一杯礼貌茶。（7 人以下用一个茶壶，8 人以上用两个茶壶）斟倒茶时，右手执壶，左手自然弯曲放在背后或托托盘，茶水不宜倒得太满，一般以八分满为宜。如宾客需临时加位，应加上适量茶叶，冲水送上，并为其斟上第一杯礼貌茶。

根据宾客的人数填写点心卡，记上台号、茶位，签上服务员名字或工号，把点心卡送上台，为宾客脱去并收回筷子套。如需加位或撤走多余餐位时，应左手托盘，右手摆放或取走餐具。

（3）开餐服务。茶位开好后，向宾客介绍当天早晨供应的点心品种。

开餐期间，服务员要做到勤巡视、勤斟水、勤清理台面。主动照顾好老幼和残疾人士，照顾好坐在边角位置的顾客。尽量满足宾客的合理要求，有问必答，态度和蔼，语言亲切。

（4）结账收款。宾客提出结账，应迅速将点心卡交收款员计算汇总，填写好账单。值台服务员要把账单夹在收款夹内，当着宾客的面打开收款夹，告诉宾客所需付的金额。宾客付款时，要向宾客道谢。服务员点清款项后交收款员，最后将金额当面点清连同账单交回宾客，并礼貌地向宾客道谢。结账时要注意同桌有无搭台的宾客，若有，则应分清账单，不可错单、漏单及跑单。

如果宾客有未吃完的点心菜肴，服务员要主动为宾客提供食品袋或食品盒，并为其包装妥帖，以便宾客带走。

（5）清理台面。宾客离座后，要向宾客道谢，然后迅速清理台面。先取茶壶、香巾及茶杯，再收拾其他餐具。收餐具时注意分类摆放，特别是香巾需另放，不可近油腻物件。

台面清洁后，应迅速换上干净的台布，重新摆放干净的餐具，准备接待下批宾客。

早餐结束后，按零点餐要求摆好台面。若午餐有宴会或团体包餐，应按其要求摆台，做好接待前的准备工作。

2. 午晚餐服务程序

（1）餐前准备。开餐前，要了解和熟悉当日菜单。特别要熟悉当天不能供应的饭菜品种，以便在推销时同宾客做解释工作。备好茶叶、开水、调味品、开胃小品等。检查餐厅席位布置是否整洁合理，开餐用具是否齐全。若有不完善处，要尽快调整。

开餐前3～5分钟，服务员站在自己负责服务的餐台靠墙位置，做好迎宾客的准备工作。

（2）接待服务。宾客进入餐厅时，领位员应有礼貌地向宾客问好，问清就餐人数后，主动带宾客到合适的座位。

值台服务员应主动为宾客拉椅让座，如座位不够，应视具体情况，为宾客拼台或加座。如有小孩，应主动提供儿童椅。

待宾客坐定后，及时递派香巾，送上菜单并向宾客问茶。开茶到台要为宾客斟倒第一杯礼貌茶。收去香巾后，为宾客脱去筷子套，并备好纸笔，接受宾客点菜。

（3）点菜服务。待宾客看过菜单后，即可征询宾客是否可以点菜了。服务员在写菜单时，应主动介绍菜式特点，帮助宾客挑选本餐厅特色菜，特别是本地特色的创新菜、时令菜、特价菜。记下菜名后，要向宾客复述一遍所点的菜式，以免听错或写错。菜单定好后，还应主动征询宾客还需要什么酒水饮料。

填写点菜通知单要迅速、准确，注意冷、热分单填写。同时填写台号、日期、用餐人数、开单时间、服务员签名。如是穆斯林宾客或素食宾客，要在点菜单上加以注明。通知单填写好要迅速交厨房，尽量缩短宾客的等候时间。

宾客点的酒水饮料，要记明酒的不同种类及数量。根据所点酒水类型，主动为宾客送上相应的酒水杯，并为宾客斟倒酒水。

在接受宾客点菜时，常常出现下面两种情况，一种情况是宾客请服务员代为点菜。通常这类宾客对餐室所经营的菜式品种不熟悉，对点食何种菜式拿不定主意，或是宾客显示富裕的一种表现，或是这位宾客对服务员表示信任而要服务员代为点菜。遇到这些情况，服务员要慎重考虑，细心观察，运用看、听、问的方法对宾客进行了解，根据宾客的风俗习惯、饮食习惯、具体人数、消费水平和口味要求，做出合理恰当的安排。“看”就是看年龄、性别、态度、举止情绪。如是老年人以软质精细、容易消化的菜类为宜；年轻人以焦脆、香酥和糖醋等类菜为主。“听”就是听口音判断其国籍、地区，然后根据其地区及民族的饮食特点推荐相应的菜点。“问”就是询问宾客有什么具体要求。在选配菜式时，有宗教信仰的要尊重其生活禁忌；消费水平高的可安排质高量少的风味菜、高档菜；消费水平低的可安排经济实惠的浓厚味菜；招待贵宾的可安排丰盛一些的菜；一般聚餐的可安排经济实惠可口的下饭菜。特别是要推荐当地特色菜肴。同时还应根据菜式的色、香、味、型等特点，做到所点菜式中既有爆炒菜、又有扒类菜，既有带汁的菜，又有清炒的菜，荤素、干湿、贵廉搭配得当。

品种定下后，应向宾客讲述菜式品种、规格、价目，经宾客同意后才能将点菜通知单入厨。

另一种情况是宾客自己填写点菜单。当接到宾客的点菜单后，服务员要过目检查。如发现某种菜已经售完脱销，应及时告知宾客请其更换。发现有同味或品种相同的菜式时，应礼貌地向客人解释，征询客人是否需要换菜，并推荐其他类似菜肴。如客人所点菜肴分量不够食用时，也应给予提醒，使我们的服务做到主、热情、周到、细心。

此外，服务员还会遇到宾客要求点食菜单上所没有的菜式或与时令季节不相吻合的菜肴，在处理这种情况时，首先要向厨师了解该菜能否做，如厨房暂没有原料，不能马上做的，要向宾客说明烹制时间，或请宾客预订或向宾客说明原因。

(4) 上菜服务。所有热菜需趁热上桌，由传菜员送至餐厅，再由值台服务员把菜送上台。在为宾客上菜时，要向宾客介绍菜名，如果是当地特色菜肴则要重点介绍。上汤时，应为宾客分汤，其意义与斟茶一样。上带壳的食品如虾蟹等菜，应跟上毛巾和洗手盅，洗手盅内盛半盅温热的红茶水，上台时要向宾客说明用途。中盘以上的菜式或豆腐之类多汁的菜式要加公用匙。

服务员上菜时要轻放。放置前应先向宾客打招呼再从宾客右侧的空隙送上，严禁将菜盘从宾客头上越过。摆放菜盘时切忌重叠。如台面没有空位时，应拿走剩菜最少的菜盘，但一定要先征求宾客意见，并把剩下的菜分给宾客后才能拿走，分剩菜绝不能勉强，以免引起误会。菜上齐后，要告诉宾客菜已上齐，并询问宾客还需要什么食品或帮助。

(5) 席间服务。值台服务员必须经常在宾客餐台边巡视、经常为宾客收去餐台上的空瓶空罐等。如宾客的餐碟中盛满了骨头或其他脏物，应及时更换干净餐碟。

点菜后 30 分钟，应检查宾客的菜是否上齐。若未上齐，应及时查询。如发现有错漏现象，应马上向厨房反映，请厨房为宾客补烹或先煮，尽量缩短宾客候餐时间，同时向宾客道歉，请宾客原谅。

如宾客所点的菜已销售完毕，应及时告诉宾客，并向宾客道歉，然后征询宾客的意见确定是否换菜。若宾客表示可以换菜，应主动介绍一些类似的或制作简单、能够很快上台的菜式，同时迅速填写好点菜单，以最快的速度让厨房为宾客把菜肴烹制出来。

宾客在进餐过程中提出加菜要求时，应了解其需要，恰如其分地给予解决。通常宾客提出加菜的原因主要有三个：一是菜不够吃；二是想买菜带走；三是对某一道菜特别欣赏，想再吃一道。服务员应观察分析，了解加菜的目的，根据宾客的需要开单下厨。

宾客对菜肴的质量有意见时，应冷静考虑，认真对待。若菜肴确实有质量问题时，应马上向宾客道歉，立即更换另一道质量好的菜肴送给宾客，或建议宾客换一个味道相似的菜式。如确系宾客无中生有、无理取闹，则应冷静处理。在席间服务中，值台服务员要经常为宾客斟添饮料。宾客用餐完毕，应尽快撤去餐台上不需要的餐具。收撤餐具时不能催促宾客。无论是端菜上台还是收拾餐具，操作时要小心谨慎。绝对不能将菜汁汤水溅到宾客身上、淋在台在或地上。万一不小心弄脏宾客衣服时，要诚恳地向宾客道歉，设法替宾客清洁。在有条件和可能的情况下，免费将宾客衣服送洗涤部门洗刷干净。

（6）结账收款。一般宾客都希望在提出结账时就能立即收到账单。假如宾客对餐厅的食物、服务员的工作态度都感到满意，同样也希望结账时会很顺利。如果因结账而等候许久，则会产生不满情绪，而将原有的良好印象破坏殆尽。所以，在结账的整个服务过程中，要做到快捷妥当。

通常，在将宾客所点菜肴酒水上齐后即应清点酒水单、点心单、点菜单，核对单上所点菜点是否与餐台上的菜点相符，然后到收款处为宾客准备好账单。当从收款员处接过账单时，要核对账单上所列的项目的价格和总额是否准确无误。

当宾客要求结账时，应先派送香巾，然后再递送账单。呈递账单时应使用账单夹或小托盘用送上，同时告诉宾客应付金额数。宾客交付结账的钞票面额是多少，要当面清楚地告诉宾客，点清后再代宾客到收款处交款。找回的余款连同账单仍用账单夹或托盘送给宾客，并向宾客道谢。如找回的余款数量较大，应站在一侧，待宾客查点并收妥后方可离去。

（7）热情送客。宾客离座时，要提醒宾客携带好随身物品。如有没有吃完的菜肴，可主动用食品袋或食品盒为包装，并征求意见由宾客决定是否带走。

拉椅照料宾客离座后，应注意检查餐位附近有无宾客遗留下来的物品，如发现有，要马上送还给宾客或交领导处理。热情送客、道谢告别后要迅速收拾好台面上的餐具，清洁台面，按规格重新摆上餐位，以迎接下批宾客。

（8）结束工作。各餐营业时间已到时，如仍有宾客就餐，禁止发生关灯、搞清洁、搬桌椅等现象出现。只有待就餐宾客全离开后，方能打扫餐厅及环境卫生，收拾各种餐具及用品。清扫完毕，应将下餐或次日开餐用具、餐具按规格摆放整齐，方可下班或离去。接待户主要成员要亲自关水、关灯、关门后才能离去。

三、农家乐菜肴

农家乐的菜肴全国各地不尽相同，但离不开地方特色。

崇明特色菜肴介绍

崇明岛地势平坦，土壤肥沃，木林茂盛，气候四季分明，温和湿润，得天独厚的自然环境，孕育了丰富的物产资源，其中许多有特色的农副产品早已蜚声海内外，在这些特色农副产品的基础上精心加工而成的崇明菜肴，使得越来越多来崇明旅游的宾客对其赞誉有加。

1. 特色水产

（1）中华绒螯蟹（崇明老毛蟹）

1）崇明老毛蟹的主要特点。崇明老毛蟹，原名中华绒螯蟹，因其两只大螯上有绒加毛，故崇明人称之老毛蟹，是著名的崇明特色水产品。世界上共有300多种螃蟹，可供食用的大约20多种，而其中最有声誉的是白洋淀的胜芳蟹、阳澄湖的清水蟹和崇明的老毛蟹。其中最有名的要数中华绒螯蟹，它个小、壳薄，肉质细密而有香味，雌性蟹黄足，雄性蟹脂多。崇明老毛蟹在食用时要做到“三去”：一是去腮，二是去胃，三是去肠。崇明老毛蟹营养丰富，每百克蟹肉中含蛋白质14克，脂肪5.9克，维生素5克，钙129毫克，铁13毫克，核黄素0.71毫克，含热量139千卡，螃蟹因其含有丰富的蛋白质及微量元素，对身体有很好的滋补作用。螃蟹还有抗结核作用，吃蟹对结核病的康复大有帮助。

2）以崇明老毛蟹为食材的本地特色菜肴（举例）

①清蒸老毛蟹。水烧至大滚时，将蟹肚朝天放入蒸笼中，蒸十五到二十分钟。

蘸料：用一碗半醋，三碗半酱油，六匙砂糖，姜四节剁茸，隔水炖二十分钟即可。

②面拖蟹

a. 主料：螃蟹六只，面粉120克左右，鸡蛋1～2个。

b. 制作方法：

* 螃蟹用清水浸泡一会儿，用刷子刷干净，去底盖，对切，去胃。

* 面粉里放点水，一点盐，放1～2个鸡蛋，调成面糊。

* 锅里放适量油，5分热，放一调羹的面糊，放下一块蟹（切面嵌入面糊），把面糊轻轻翻过，裹住蟹肉，煎至面糊呈金黄色盛出。

* 锅里留少许热油，放入姜蒜爆香，放下蟹块，加料酒，放大半碗水，加盐、糖、鲜抽酱油、胡椒粉，大火煮至汁稠放些葱花即可。

3）食蟹注意事项。螃蟹的鳃、沙包、内脏含有大量细菌和毒素，吃时一定要去掉。

螃蟹不可与红薯、南瓜、蜂蜜、橙子、梨、石榴、西红柿、香瓜、花生、蜗牛、芹菜、柿子、兔肉、荆芥同食；吃螃蟹不可饮用冷饮，否则会导致腹泻。

螃蟹肉味鲜美，营养丰富，但死螃蟹忌食之；因为螃蟹喜食动物尸体等腐烂性物质，故其胃肠中常带致病细菌和有毒物质，一旦死后，这些病菌大量繁殖；另外，螃蟹体内还含有较多的组氨酸，组氨酸易分解，可在脱羧酶的作用下产生组氨和类组氨物质，尤其是当螃蟹死后，组氨酸分解更迅速，随着螃蟹死的时间越长，体内积累的组氨越多，而当组氨积蓄到一定数量时，若再食用即会造成中毒。

(2) 刀鲚

1) 刀鲚的主要特点。刀鲚古称刀鲚鱼，因为颜色皎洁如白银，体扁而狭长，形状像是一把出鞘的尖刀，所以又叫刀鱼。刀鲚是极为名贵的经济鱼类，刀鱼从立春开始由海入江，逆江而上生殖洄游。刀鱼的最大特点是细骨遍布全身，早春入江的刀鱼，鱼体丰腴肥嫩，细骨软如棉，质量上乘，蒸煮后，只要轻轻吮吸，鱼肉就会脱骨。刀鱼的鱼鳞薄嫩细腻，烹饪前无须刮磷，且鱼鳞中含有大量脂肪，蒸煮后自动融化。本地刀鱼的常年平均产量在200吨左右，每年2—3月捕捞上市。

2) 以刀鲚为食材的本地特色菜肴

清蒸刀鱼

a. 主料：刀鱼2条（共重400克左右），熟火腿片5克，笋片25克，水发冬菇4只。

b. 调料：生猪板油丁50克，绍酒20克，精盐5克，酱油、葱结、姜片各1克，鸡汤50克。

c. 制作方法：

*将刀鱼刮去鱼鳞，用两支竹筷从鱼鳃处插入鱼肚里，卷出内脏和鳃，用清水洗干净，放入八成热的水锅里烫一下捞出，用刀轻轻刮去鱼身上黏液（不要刮破鱼皮），再用清水洗净，用刀在鱼身的2/3处切下鱼尾待用。

*将刀鱼整齐地摆放在汤盆里，鱼上先放笋片铺平，火腿片放在笋片上，再放上冬菇、猪板油丁、葱结、姜片，加盐、酱油、绍酒，上笼用旺火蒸10分钟左右，鱼熟立即出笼，拣去葱结、姜片，将卤汁滗入锅内，加鸡汤50克，烧滚后倒入鱼盆里即成。

(3) 凤尾鱼

凤尾鱼的主要特点。凤尾鱼俗称“子鲚”，又称“鲚鱼”“凤鲚”，属名贵的经济鱼类，它是崇明的著名特产之一，崇明叫“仔鱼”，又称“烤仔鱼”，是下饭佐酒的佳品。因其尾部分叉形状像凤凰的尾巴，短呈红色，尖细窄长，犹如凤尾，故称“凤尾鱼”。凤尾鱼是一种河口洄游性小型鱼类，平时多栖息于浅海外，每年5月上旬至7月上旬，成群游向长江口咸淡水交汇处的崇明岛附近水域产卵，形成鱼汛。

凤尾鱼肉质细腻、味道鲜美、营养丰富。红烧、油炸均为席上佳肴，凤尾鱼罐头对外出口备受青睐。将凤尾鱼晒干，可久存不坏。清蒸凤尾鱼干，香气四溢，令人胃口大开，食后更是回味无穷。

当地凤尾鱼常年产量在1 000吨左右，每年五月上旬至七月下旬捕捞上市。

2. 特色蔬菜

(1) 崇明白扁豆

1) 崇明白扁豆的主要特点。白扁豆的祖籍在印度尼西亚的爪哇岛等地，据说在汉晋时代引入华夏。崇明岛栽培白扁豆的历史已有近百年。最早于崇明马桥大公所（即天主教堂），由西洋传教士带入，故又有“洋扁豆”的别称。它是一年生蔓性草本，喜温、怕冷。由于其豆荚宽大扁薄，茎蔓缠绕攀开，别号“沿篱豆”；又因其豆脊有白纹路，故又有“蛾眉豆”的雅名。崇明白扁豆是崇明名特优无公害蔬菜之一，属豆科一年生蔓性作物，嫩荚扁平光滑，呈绿色，籽粒为淡绿色（老熟籽粒为白色），其肉质细嫩易酥，质糯清香味美，是夏秋季节桌上佳肴。还可制作汤团馅料。

崇明白扁豆肉质细嫩易酥，质糯清香味美，营养价值高，且具滋补调养之功效，夏食消暑提神，冬食补脾养胃。据测定，每百克鲜豆粒中含蛋白质 26.6 克，脂肪 1.6 克，碳水化合物 66.6 克，含丰富的磷、铁、锌、钙等多种矿物元素，含 17 种氨基酸，每千克鲜豆粒中维生素 C 含量为 95 毫克，其蛋白质、淀粉和糖类的含量高于莲子，具有滋补调养之功效，夏食白扁豆可消暑提神，冬食白扁豆可补血、补脾、养胃。白扁豆的嫩粒可速冻保存，老熟豆粒在常温下可保存一年。

目前当地白扁豆的种植面积达万亩，年产量在 6 500 吨左右，主产区集中在中兴、向化、港沿等地。

2）以崇明白扁豆为食材的本地特色菜肴——白扁豆炒酱包瓜

这是一道崇明的特色菜：

a. 主料：酱包瓜、白扁豆（鲜豆、干豆都行）。

b. 调料：盐、素油、香油。

c. 烧法：（以干豆为例）

* 白扁豆洗净泡一晚涨开。
* 将泡发好的白扁豆洗一洗下锅煮酥下盐备用。
* 将包瓜切成小丁（酱包瓜较咸需适量）。
* 包瓜丁下素油锅爆出香味。
* 放入煮酥备用白扁豆。
* 炒匀淋上香油即可上桌。

（2）崇明“香酥芋”

1）崇明“香酥芋”的主要特点。红梗芋艿属天南星科宿根性草本植物，由于它比其他芋艿酥糯且香，故本地称之为“香酥芋”，是崇明传统特产之一。

红梗芋艿具有较高的营养价值，球茎含淀粉量为 19.5%、粗蛋白质 2.63%、粗纤维 1.87%、蔗糖 2.9%、聚糖 4.9%，还有丰富的维生素 B 族、维生素 C 等营养物质。中医学认为红梗芋艿具有消热解毒、健脾强身以及增强对疾病的抵抗能力等功效。

目前当地种植面积达 6 000 多亩，主要产区集中在陈家镇、向化、建设。每年 8 月份开始上市。

2）以崇明香酥芋为食材的本地特色菜肴——芋艿烧扁豆

a. 主料：崇明香酥芋、崇明扁豆（俗称大扁豆）。

b. 调料：素油、酱油、盐、味精、糖。

c. 烧法：

* 将芋艿去皮，切成一厘米厚薄的片状，洗净后沥干备用。

* 把扁豆的茎撕掉洗净备用。

* 先在热油锅中煸炒芋艿，再倒入扁豆和芋艿一起煸炒，倒入酱油，放少量水一起焖烧，至芋酥汤汁浓稠，放入盐、味精、糖等调料，翻炒一下即盛起装盘。

（3）崇明山药

1）崇明山药的主要特点。崇明山药属芋科草本蔓性植物。地下块茎为食用部分，形似佛手，俗称“佛手山药”。山药肉质嫩而洁白，是崇明的名特优蔬菜之一，是秋冬季蔬菜中的珍品。

崇明山药为食疗兼备之蔬菜，它富含淀粉、碳水化合物、蛋白质、粗纤维、维生素、糖以及多种矿物质元素和氨基酸，具有止痛、助消化、益肺固精、滋补强身以及治疗糖尿病、小儿腹泻等功效，故山药又被列入药膳之列。

目前，当地种植面积近千亩，主产区集中在港沿镇、向化镇。每年12月起上市。

2）以崇明山药为食材的本地特色菜肴——清炒山药木耳

a. 主料：山药400克、水发木耳150克。

b. 调料：精盐1茶匙、味精1茶匙、料酒1汤匙、蚝油0.5汤匙、植物油40克、水淀粉和葱姜丝适量。

c. 烧法：

* 山药用火燎掉须根，用工具打去表皮，洗净切成梯形寸段，焯水30秒捞出投凉，切成菱形片，焯水30秒捞出投凉备用。

* 水发木耳择洗干净，撕成小块，焯水1分钟捞出投凉备用。

* 葱姜切丝备用。

* 坐锅加植物油烧热，下葱姜丝爆香，倒入蚝油山药和木耳，烹入料酒，撒上精盐翻炒均匀，勾薄芡，放味精，淋明油出锅装盘。

（4）崇明金瓜

1）崇明金瓜的主要特点。金瓜，又名金丝瓜，在崇明已有百年以上种植历史，是崇明的传统特产。清脆鲜嫩，是家庭、饭店、宾馆中色香俱佳的上等菜肴，享有“植物海蜇”之美誉。金瓜营养丰富，除了有人体所需要的多种维生素外，还含有易被人体吸收的磷、铁、钙等多种元素。

2）以崇明金瓜为食材的本地特色菜肴——金瓜拌海蜇

a. 主料：崇明金瓜一只，海蜇皮（或头子）4 两。

b. 调料：精盐、麻油、味精、胡椒粉、葱花。

c. 做法：

＊把金瓜切开挖去籽粒，洗净后放在锅里蒸上十分钟再拿出来用冷水泡一下，用手去把瓜瓤撕成金瓜丝备用。

＊海蜇切成细丝用清水浸泡，去掉苦涩的海水咸味沥干备用。

＊把金瓜丝和海蜇丝放入精盐、味精、胡椒粉拌匀，淋上麻油、撒上葱花即可装盘。

（5）崇明香芋

1）崇明香芋的主要特点。香芋，又称地栗子、菜用土圞儿，还称香参，土圞儿。豆科，缠绕草本植物，土圞儿属多年生蔓生草本植物，一般作一年生栽培。块根呈球状，形似小马铃薯，直径 2～7.5 厘米，表皮黄褐色，肉白色，是人们栽培所求的食用部分。因其肉似薯类，但味道既非山芋、芋艿，又非马铃薯，好似板栗，甘而芳香，食后余味不尽，故取名香芋。香芋块根形如小土豆，褐皮白肉，味雅香浓，分粗皮细皮二种。据说清代香芋从美洲引入我国种植，崇明、海门、启东一带气候、土壤最适宜香芋繁殖生长，崇明香芋形似土豆，表皮为黄褐色，上有间断的轮纹，肉白色，形状为圆球或不规划长圆，只重 10～60 克，大的可达 130 克，食用部分肉质致密，并有特殊的浓香味，是极其珍贵的崇明特产蔬菜之一。

崇明香芋富含淀粉、蛋白质、蔗糖、粗纤维、矿物元素等，还含高聚糖，达 4.9%。多食香芋有益于人体健康，增强对疾病的抵抗力，还能健脾益胃，滋补强身。崇明香芋质糯味美，香芋烧、炒、炖皆可，与鸡肉、猪肉一起烹其味香而不腻，酥而不烂，是桌上佳肴。

香芋生长于地下，是天然的“绿色食品”。由于香芋生长期长、产量低，所以市场上稀少。目前当地种植面积在 500 亩左右。

2）以崇明香芋为食材的本地特色菜肴——香芋烧茶干

a. 主料：崇明香芋，茶干（豆腐干）。

b. 调料：素油、精盐、白糖、味精、生抽、料酒。

c. 做法：

＊香芋去皮，洗净切片，茶干洗净切片备用。

＊香芋与茶干分别放开水焯至 8 分熟，捞出沥干水分。

＊锅里放入素油烧至七分热，放入香芋，加些料酒煸炒。

*放下茶干煸炒。

*加少许水，加盐、糖、生抽，煸匀即可盖上锅盖小火略焖。

*待汁稠加入鸡精翻炒即可装盘。

3. 特色酱菜

(1) 崇明酱包瓜

1) 崇明酱包瓜的主要特点。崇明酱包瓜，也称甜包瓜，俗称包瓜，是崇明的特产之一。由于它色香味俱佳，被清朝皇宫列为贡瓜，1984年被评为华东地区特色酱菜，并获得国家商业部优质产品称号，是我国出口贸易中的传统商品。崇明甜包瓜肉厚皮薄，色泽橙黄，晶莹透明，皮肉一色，瓜体呈透明状，放在灯光下一照，条条都是嫩黄色的晶体，里边的瓜子粒粒可数，含水欲滴，食之甜而不腻，脆嫩爽口，堪称是酱瓜中的佼佼者。切片佐食，胜似蜜饯，香气醇厚，咸甜适口，清脆鲜嫩，回味无穷，是早餐理想的菜肴。

2) 崇明酱包瓜的制作方法。崇明甜包瓜以本岛生长的皮薄肉厚、水多味淡、质地细密、嫩而带脆的上等青皮生瓜为原料。腌制前，将精选的生瓜洗净，用竹针有规律地在其周身刺洞，用精盐等轻擦瓜身，沥去苦水后，再用9度左右的咸水洗净，然后将生瓜放在甜面酱中腌制，加工腌制的原料和工艺特别讲究。首先，采收生瓜要选取早期和中期结的，头尾一样粗，且尚未熟透。其次，要用一套特殊的酿制工艺，把面粉中的糖分充分酝酿出来做成甜面酱。当生瓜投入酱缸后，一方面经过酶的作用，甜面酱中的种种糖类逐渐为瓜所吸收；同时又通过酶的催化，使瓜中本来所含的碳水化合物（酶）——淀粉、糖、纤维素、葡萄糖、核糖、果糖等转化或酿制出来，使瓜产生种种特殊口味和特殊质地。崇明酱包瓜腌制工艺十分考究，从腌制到成熟上市，约需90天。

3) 以崇明酱包瓜为食材的本地特色菜肴

①包瓜姜末炒毛豆

a. 主料：酱包瓜、毛豆子。

b. 调料：姜末（可多放些）、葱末（葱白、葱绿分开放）、素油、盐、白糖、鸡精。

c. 做法：

*酱包瓜剖开后去籽洗净，在水中浸泡一会儿去掉些咸味。

*捞出酱包瓜沥干后切成小粒或蓉状，用手稍微挤一下去掉些水分。

*锅中放油烧热后倒入毛豆煸炒至断生后盛出备用。

*锅内重新放油烧热，倒入姜末、葱花（葱白部分），小火煸出香味，加入切好的包瓜丁一同煸炒2分钟左右，以去掉包瓜的生腥气为准。

*倒入煸熟备用的毛豆翻炒，加适量糖、盐，调味后继续煸炒至入味（期间可适当加上1、2小勺水以使各种材料的味道融合得更好）。

＊关火后加些鸡精、撒上葱花（余下的葱绿部分）拌匀即可装盘。

②炒肉瓜（酱包瓜炒肉丝）

a. 主料：包瓜、五花肉丝。

b. 调料：植物油、老姜、辣椒、小葱、白胡椒、嫩肉粉、五香粉、老抽、白糖、味精。

c. 做法：

＊肉丝中放入少量的盐、味精、五香粉、白胡椒粉、嫩肉粉、小葱、料酒，腌制10分钟备用。

＊锅内倒入植物油，然后倒入腌制好的肉丝，点火翻炒（冷油炒的肉嫩）数分钟，盛出备用。

＊锅内继续倒入植物油，油热至五成倒入姜丝、辣椒丝、葱末，翻炒几下，再倒入包瓜，加入少量盐、老抽、糖、翻炒1分钟，倒入炒好的肉丝翻炒几下，上盆撒上葱花即可装盘。

(2) 崇明草头盐齑

1) 崇明草头盐齑的主要特点。草头是上海人对金花菜的称呼，原名苜蓿，又名三叶草。《上海县竹枝词·岁时八》曾有"金花菜入米粉，草头摊粞"的记载。是我国古老的蔬菜之一。草头为豆科植物，经常食用草头素可平衡人体的酸碱值。上海和江浙两省农村地区早就将草头作为常用蔬菜。四五月间，田里的草头将老未老之际，把它一把一把地剪下来，洗净后吹干水分，再将它放入坛内。加入盐，再用粗木棒将它捣实。为防止空气进入，口上用稻草和烂泥封严。然后将坛倒扣在地上，再用泥土将坛口封住。待过了两个月打开，这时原本碧绿的草头已变成金黄色，发出沁人心脾、略带酸味的芳香。拿一小撮放在口内咀嚼，顿觉满嘴生津。据说旧时上海草头盐齑十分好卖，民国年的《图画日报》上曾有诗云："腌金花菜好滋味，此物乃是崇明到。不咸不淡制得好，生吃熟吃俱佳妙。"

2) 以崇明草头盐齑为食材的本地特色菜肴——清炖草头盐齑

a. 主料：草头盐齑。

b. 调料：植物油、白糖、鸡精、葱花。

c. 做法：

＊把草头盐齑放入器皿，加适量的植物油、白糖、鸡精。

＊入蒸锅蒸10～15分钟，取出撒上葱花，即可装盘。

4. 特色肉食——崇明白山羊

(1) 崇明白山羊的主要特点。崇明白山羊已有1 000多年饲养历史，全国外贸进出口总公司和供销合作总社将崇明白山羊命为"长江三角洲白山羊"。白山羊肉味道独特，营养丰富，它的肉皮白嫩，肉质细软，更有滋补助暖的功效。崇明岛上流传有这样的话："多吃一只白山羊，少穿一件老棉袄"。每逢秋冬时节，岛上几乎逢宴必有白山羊肉，盛情的主人刚端上香喷喷的"红烧山羊肉"，又送上了鲜美的"白烧羊肉汤"，而细嫩的"白切山羊肉"往往是最先与来客见面的冷菜。白山羊的烹调方法还有不少，诸如青菜烧羊肉、羊肉香酥芋艿汤、羊肉线粉汤。色香味俱佳，听了都让人垂涎三尺。

(2) 以崇明白山羊为食材的本地特色菜肴——红烧羊肉

a. 主料：崇明山羊肉（前腿后腿均可，也可以用羊腩来做）。

b. 调料：白萝卜、大蒜叶、生姜、香叶、桂皮、老抽、料酒、精盐、冰糖、红枣。

c. 制作步骤：

* 将羊肉洗净，漂净血水，剁成8厘米左右的块；萝卜洗净，切大块。

* 把羊肉和萝卜放入沸水中氽一下，捞出洗净，去除萝卜。

* 羊肉重新入锅，加料酒、老抽、老姜、盐、桂皮、冰糖、红枣、香叶，大火煮开，换小火焖两三个小时，撒上大蒜叶即可装盘。

5. 崇明老白酒

"名扬江北三千里，味占江南第一家"，早在清朝康熙年间，人们就这样对崇明老白酒赞誉有加。崇明老白酒属于发酵原酒，是一种低度甜水酒。它以崇明产的优质大米为原料，汲取经过过滤的长江水，精心酿制而成。初酿的老白酒微浑，乳白色，存放一段时间后色泽清澄，呈淡黄色，酒味甜中夹酸，还可闻得米香，酒质醇厚，酒精度8～13度左右，饮后回味无穷。崇明老白酒如今香飘万里，远销国外，深受海内外人士的青睐。其中以"十月白"和"菜花黄"最负盛名。

6. 崇明糕

崇明糕的美名由来已久，100多年前就闻名崇明岛，作为逢年过节赠送亲友的佳品，它的品质天然纯真，不加任何添加剂，香糯可口而不腻，老少皆宜，以特有的美味深受崇明人民的青睐，它的美名驰名中外。

(1) 原料选择。崇明糕的主要原料有大米、糯米、糖三种，材料很简单，但挑选比较讲究，使用的大米、糯米定点采购，使用有机肥料、无公害播种的米源，米的颗粒饱满，色泽白净亮泽。必须从正规渠道采购糖，严格把关，严禁加入甜蜜素，选择纯真的蔗糖，严格控制原料采购质量，确保原料质量。

(2) 制糕原料的预处理。崇明糕的材料配比：大米20%、糯米60%、糖20%，把这三种材料根据百分比混在一起，大米糯米必须经过预处理碾成粉末才可以使用，先将两种米根据比例称好混在一起，然后把米浸泡在缸里将水注满溢出，浸泡1小时左右后，检查米浸泡的质量是否满足要求。检查方法：用手捞出少量浸泡的米粒能拈开，说明已经泡得差不多了，将米从水中捞出放入大盆，沥干水后，放置 2 小时后进行粉碎。米为何这样处理呢？因为这样处理的米粉细腻绵绵，蒸得出糕糯。粉碎时要检查是否有其他杂质污染物，以防影响米粉质量，然后将粉碎后的粉末晾开，时间不宜搁得太久，防止变质有异味。

（3）崇明糕制作过程。把米粉称好，糖根据米粉的重量按比例加入放置大盆混合均匀后，将水加入稀释，用手不断搅拌均匀，搅得差不多，然后测试米粉的加水量是否到位，测试方法：用手抓一把搅拌后的粉料，捏紧拳头能捏成一团，然后不散开，说明水已经过量，应再加入米粉和糖，粉料搅拌合格后用筛子再筛一下，这样使粉料更均匀，为蒸糕打下扎实的基础。大灶头或大型液化气灶均可进行蒸糕。在锅上放置灶具，锅的大小与蒸笼大小应相配套，锅里水加满将蒸笼放上，蒸笼底与锅的接触面用棉垫垫至密封不漏气，等水近沸产生蒸汽，第一次将粉料加入底部铺满厚度约 5 厘米，蒸汽上来肉眼可以看出粉的颜色变成糕的颜色后，可以继续加入粉料，加的时候必须慢慢稀释加入，就这样反复进行，直至蒸满笼格，与此同时必须随时观察锅里的水位和火源，水位下去了，必须增加水量，否则会影响蒸汽量，蒸汽少了会影响蒸糕的速度，水量不足糕蒸不熟变成生糕。同时还要随时观察火源大小，火源大小也很重要，火太猛会把水冲到笼格里，把蒸汽通道塞住，蒸汽上不去导致糕无法继续蒸下去。火源太小蒸汽不足，影响蒸糕速度，同时会出现生糕，总之蒸糕整个过程的衔接是十分重要的。从原料的混合搅拌、笼格的密封程度、锅里的水位高度到火源的大小，每道工序都必须严格把关，环环扣紧，一环疏忽，全盘皆输，所以崇明糕的制作说难也不难，说容易也不容易。总之，一定要领会了解、熟悉掌握整个制作糕的原理和过程，只要用心去做，一定能蒸出香甜可口的崇明糕。

（4）崇明糕种类。崇明糕一般有以下几种。

1）白糖崇明糕。

2）红糖崇明糕。

3）双色崇明糕（红糖和白糖夹层）。

4）血糯崇明糕。

5）花色崇明糕（红枣、葡萄肉、核桃肉、蜜枣等）。

测试题

一、单项选择题（选择一个正确的答案，将相应的字母填入题内的括号中）

1. 站立：两臂自然下垂，（　　），抬头、挺胸、收腹，目光平视面带微笑，两脚之间有一拳相隔，不可叉着胳膊，弯腿或倚靠柱子、餐台、柜台或墙面。双手不可插入衣裤袋内，脚不能抖动，不相聚闲谈。微笑：发自内心，微笑自然，一般是在同宾客目光接触时微笑。

A. 两手体前自然相握　　B. 两手体前交叉

C. 两手体前紧握　　D. 两手背后相握

2. 着装整洁，待人礼貌，热情迎客。（　　），做好服务前的一切准备工作和卫生清洁工作。熟悉菜单上各种不同的菜肴，了解其原、配料，烹调方法及口味，掌握菜肴服务方式，掌握各类酒水饮料的开启、斟倒要求。诚恳接受客人投诉，并向管理人员汇报等。

A. 布置餐盘摆位　　B. 布置餐桌摆位

C. 布置酒杯摆位　　D. 布置餐巾摆位

3. 要有良好的仪容仪表，着装规范，讲究个人卫生。礼貌待客，在服务场所碰到客人必须向客人问好。不允许在宾客面前攀谈和有任何不文雅的言行举止出现，如梳头、手插口袋、吐痰等。使用普通话。（　　）。

A. 必须保持微笑、友善的姿态　　B. 必须保持微笑、和蔼的姿态

C. 始终保持微笑、友善的姿态　　D. 始终保持微笑、和蔼的姿态

4. 将餐巾叠成各种花形，能使餐台显得美观大方。运用餐巾折花的不同形状及摆设，可以标志宾主席位，便于入座。能给进餐环境增添欢悦热烈的气氛。按餐巾花造型的外观分类，可分为（　　）三大类。主花要摆插在主位。一般的餐巾折花摆插在其他宾客席上，高低均匀，错落有致。

A. 花卉、动物、实物造型　　B. 植物、动物、花卉造型

C. 植物、花卉、动物造型　　D. 植物．动物、实物造型

5. 摆台是农家乐（　　）中必须掌握的一项基本技能，摆台的基本要求是餐具图案对正、距离匀称、整齐美观、清洁大方，为参加农家乐旅游的宾客提供一个舒适的就餐位置和一套必需的就餐用具。

A. 餐饮服务人　　B. 接待服务人　　C. 客房服务人　　D. 厨师

6. 为了提高服务质量和服务效果，无论是摆、换、撤运餐具和酒具，还是传菜、递送酒水等服务，都要使用托盘。根据不同的用途，托盘可分为大、中、小三种规格。大圆形托盘和中圆形托盘一般用于托运菜点、酒水和盘碟等物品；小圆形托盘主要用于（　　）等物品。托盘总的要求就是要做到平、稳、松。

A. 递送调味品、账单　　B. 递送餐巾纸、账单、收款

C. 递送账单、收款、递送信件　　D. 递送餐巾纸、收款、电话

7. 中餐斟倒各种酒水，一律以八分满为宜，以示对客人的尊重，红葡萄酒应斟至杯的（　　），白葡萄酒应斟至杯的三分之二，斟香槟酒和啤酒时要分两次进行，先斟至杯

的三分之一，等泡沫平息后，再斟至杯的三分之二。

A. 三分之一　　B. 二分之一　　C. 三分之二　　D. 五分之三

8. 上菜是服务员将（　　）按规格和一定程序奉上餐桌的一种服务方式，中餐上菜，一般是先上冷菜，以便下酒，然后视冷菜食用情况适时上热菜，最后上汤菜、点心、水果。上菜过程中要注意摆菜的位置，如摆冷菜时要注意荤素、颜色口味的搭配和间隔，盘与盘之间的距离相等，摆放热菜时切忌菜盘重叠，转台上的菜盘数量不宜过多。

A. 冷、热菜　　B. 冷菜、点心　　C. 热菜、点心　　D. 热菜、汤

9. 一定要保持餐桌清洁。宾客就餐时，服务员要注意观察其动态，当宾客吃完一道菜后服务员应先询问："可以撤掉吗?" 宾客给予肯定答复后才能撤换。左手托盘，右手撤餐具。不能将托盘放在餐台上收餐具，（　　），防止餐具碰出响声。禁止当着宾客刮盘。

A. 动作要快、轻　　B. 动作要快、稳

C. 动作要轻、稳　　D. 动作要快、轻

10. 开餐前，应检查餐厅是否按要求摆好餐位，台椅摆放是否整齐美观，餐厅环境卫生是否干净。备好各种（　　），上好开水及各种佐料、开餐用具。将备用餐具摆放在规定好的固定位置。搞好个人卫生，佩戴好员工号牌，仪表整洁，做好开餐前的一切准备工作。

A. 茶杯　　B. 茶叶　　C. 香烟　　D. 点心

11. 开餐前，要了解和熟悉当日菜单。特别要熟悉当天不能供应的饭菜品种，以便在推销时同宾客作解释工作。备好茶叶、开水、调味品、开胃小品等。检查餐厅席位布置是否整洁合理，开餐用具是否齐全。若有不完善处，要尽快调整。开餐前（　　），服务员站在自己负责服务的餐台靠墙位置，做好迎宾客的准备工作。

A. 2～3 分钟　　B. 3～4 分钟　　C. 4～5 分钟　　D. 3～5 分钟

12. 中华绒螯蟹（崇明老毛蟹）（　　），肉质细密而有香味，雌性蟹黄足，雄性蟹脂多。崇明老毛蟹在食用时要做到"三去"：一是去腮，二是去胃，三是去肠。崇明老毛蟹营养丰富，每百克蟹肉中含蛋白质 14 克，脂肪 5.9 克，维生素 5 克，钙 129 毫克，铁 13 毫克，核黄素 0.71 毫克，含热量 139 千卡，螃蟹因其含有丰富的蛋白质及微量元素，对身体有很好的滋补作用。螃蟹还有抗结核作用，吃蟹对结核病的康复大有帮助。

A. 个小、壳薄　　B. 个大、壳厚　　C. 个小、壳厚　　D. 个大、壳薄

13. 金瓜，又名金丝瓜，在崇明已有百年以上种植历史，是崇明的（　　）。清脆鲜嫩，是家庭、饭店、宾馆中色香俱佳的上等菜肴，享有"植物海蜇"之美誉。金瓜营养丰富，除了有人体所需要的多种维生素外，还含有易被人体吸收的磷、铁、钙等多种元素。

A. 传统蔬菜　　B. 传统特产　　C. 特色蔬菜　　D. 传统菜肴

14. 草头是上海人对金花菜的称呼，原名苜蓿，又名三叶草。草头为豆科植物，经常食用草头素可平衡人体的酸碱值。（　　），田里的草头将老未老之际，把它一把一把地剪下来，洗净后吹干水分，再将它放入坛内。加入盐，再用粗木棒将它捣实。为防止空气进入，口上用稻草和烂泥封严。然后将坛倒扣在地上，再用泥土将坛口封住。待过了两个月打开，这时原本碧绿的草头已变成金黄色，发出沁人心脾、略带酸味的芳香。

A. 三四月间　B. 四五月间　C. 二三月间　D. 五六月间

15. 崇明白山羊已有1 000多年饲养历史，白山羊肉味道独特，营养丰富，它的肉皮白嫩，肉质细软，更有（　　）的功效。每逢秋冬时节，岛上几乎逢宴必有白山羊肉，盛情的主人刚端上香喷喷的“红烧山羊肉”，又送上了鲜美的“白烧羊肉汤”，而细嫩的“白切山羊肉”往往是最先与来客见面的冷菜。

A. 养颜美容　B. 滋补助暖　C. 驱寒助暖　D. 强身健体

16. 崇明老白酒属于（　　），是一种低度甜水酒。它以崇明产的优质大米为原料，汲取经过过滤的长江水，精心酿制而成。初酿的老白酒微浑，乳白色，存放一段时间后色泽清澄，呈淡黄色，酒味甜中夹酸，还可闻得米香，酒质醇厚，酒精度8～13度左右，饮后回味无穷。

A. 发酵原酒　B. 酱香型酒　C. 浓香型酒　D. 米香型酒

17. 崇明糕的美名由来已久，100多年前早闻名崇明岛，作为逢年过节赠送亲友的佳品，它的（　　），不加任何添加剂，香糯可口而不腻，老少皆宜，以特有的美味深受崇明人民的青睐，它的美名驰名中外。

A. 原料天然纯净　B. 纯手工制作

C. 品质天然纯真　D. 颜色自然

二、技能测试题

1. 完成中式简餐的摆台工作

（1）按中式简餐摆台规程操作。

（2）在规定时间内完成。

2. 请模拟点菜时，服务员应使用哪些服务用语？

（1）注意说话时的姿态与表情。

（2）使用普通话。

（3）答题内容符合要求，合乎情理。

（4）在规定的时间内完成答题。

3. 完成托盘服务过程

按照行业规范要求完成托盘操作。

测试题答案及评分表

一、单项选择题

1. A　2. B　3. C　4. C　5. A　6. C　7. B　8. A　9. C　10. B　11. D　12. A　13. B　14. B　15. B　16. A　17. C

二、技能测试题

1. 完成中式简餐的摆台工作

（1）评分表

编号	评分要素	配分	分值	评分标准	实际得分
1	台布摆放	4	2	折缝朝向、中线对向、补缝与同室邻桌摆向正确得 2 分，错一处扣 2 分，扣完为止	
			2	台布平整、四角对准、下垂长度适度均匀得 2 分，错一处扣 2 分，扣完为止	
2	餐具摆放	8	4	手势、顺序、顺向正确得 4 分，错一处扣 2 分，扣完为止	
			4	图案对正、距离均匀、清洁大方得 4 分，错一处扣 2 分，扣完为止	
3	酒具、餐台用品摆放	4	4	程序、距离、角度、位置正确得 4 分，错一处扣 1 分，扣完为止	
4	安全、卫生	2	2	操作安全、文明、卫生、整洁	
5	时间	2	2	规定时间内完成得全分，超时不得分	
合计配分		20	合计得分		

（2）参考答案

1）折缝朝上，中心线缝直对主副主人席位，同一餐厅折缝横竖统一；台布不褶皱，布角沿桌腿直线下垂，下垂长度均匀，不拖地。

2）左手托盘，右手摆具，按照顺时针方向的顺序，依次摆放骨碟、筷架、筷子、汤碗、汤匙；图案位置统一，距离与餐位对应，清洁大方。

3）酒具、餐台用品等按酒杯、口布花、牙签、茶杯盘、茶杯的顺序依次摆放；酒具、餐台用品等摆放位置如图 7—2 所示。

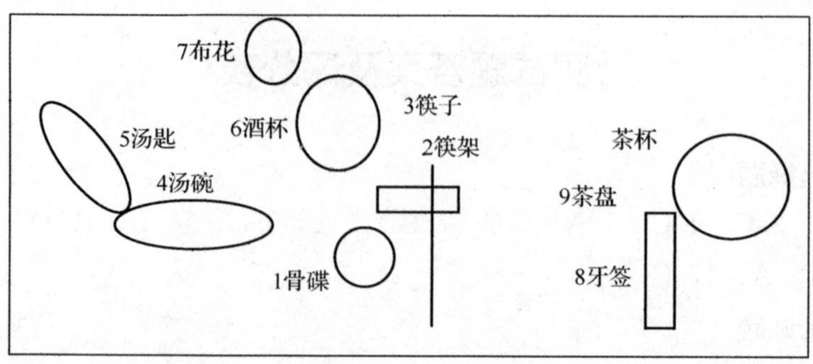

图 7—2　酒具、餐台用品等摆放位置图

2. 请模拟点菜时，服务员应使用哪些服务用语

（1）评分表

编号	评分要素	配分	分值	评分标准	实际得分
1	注意说话时的姿态与表情	3	3	姿态大方，面带微笑。错一处扣 1 分，扣完为止	
2	使用普通话	6	2	音量适中，错一处扣 1 分，扣完为止	
			2	口齿清晰，错一处扣 1 分，扣完为止	
			2	注意与方言的差异，错一处扣 1 分，扣完为止	
3	答题内容符合要求，合乎情理	4	4	答题内容符合要求，合乎情理	
4	在规定的时间内完成答题	2	2	在规定的时间内完成	
合计配分		15	合计得分		

（2）参考答案。待宾客看过菜单后，即可征询宾客是否可以点菜了。服务员在写菜单时，应主动介绍菜式特点，帮助宾客挑选本餐厅特色菜，特别是本地特色的创新菜、时令菜、特价菜。记下菜名后，要向宾客复述一遍所点的菜式，以免听错或写错。菜单定好后，还应主动征询宾客还需要什么酒水饮料。

模拟菜单：

冷菜——凉拌金瓜、脆皮黄瓜、白斩鸡、开心果、发财肉。

炒菜——盐水时虾、老毛蟹、红烧羊肉、芋艿烧扁豆、崇明米苋。

汤——大头鱼汤。

点心——崇明米糕。

3. 完成托盘服务过程

（1）评分表

编号	评分要素	配分	分值	评分标准	实际得分
1	理盘	6	3	盘子整洁得3分，有水迹、污垢、残留物，每处扣1分	
			3	垫布清洁、平整，有褶皱、污迹、异味，每处扣1分	
2	装盘	6	3	摆放有致、排列整齐得3分，行错形乱者不得分	
			3	高低、轻重物品摆放得当得3分，次序错乱者不得分	
3	端托	4	2	起托规范的2分，不规范不得分	
			2	端托姿势正确得2分，不正确不得分	
4	行走	4	2	身姿自然、盘高合理，得2分，有一项不合要求扣1分	
			2	行走平稳，物品靠向正确得2分，有一项不合要求扣1分	
合计配分		20	合计得分		

（2）参考答案

1）盘子清洁、洗净擦干；垫布整洁、平整，无污迹。

2）物品排列整齐、成形成行；重物、高物放在靠近身体一侧。

3）右手将盘子拉出桌边1／2，左手托在盘的中间位置；五指稍微弯曲分开，掌心向上、不触盘底。

4）上身自然挺直，盘高处胸前第二、第三颗衣扣之间；摆动自然、重物、高物靠身一侧，汤汁不外溢。

第 8 章

农副产品

第1节　果　　品

学习目标

➢了解果树的基本知识

➢熟悉果品的种类

➢掌握果实的采摘和果树的识别

知识要求

一、果树的基本知识

果树是一种经济作物，是园艺作物的一部分，果树的含义随着时代和地区的不同而变化。果树多数是木本植物，少数为草本作物，如草莓、香蕉、菠萝、西番莲等也在果树的范围之内。一般来说，果树是多年生植物，是能生产可供食用的果实或种子及其砧木等的总称。

果树生产包括果树栽培、育种、果实的储藏、加工、运输、销售等环节，完成从生产到消费的整个过程。一般所提的果树栽培是指从果树育苗开始，经过建园、管理，到果实采收整个生产过程。

农家乐果园中常见的果树有柑橘、翠冠梨、柿子等。

果树栽培生产出安全、优质的多种果品，能满足广大市民的生活需要。同时，果树作为经济林还是上海林业资源和郊区农业结构的重要组成部分，也是近年来兴起的农家乐旅游的重要载体，游客在农家乐果园中既可以体会到采摘的乐趣，又可以吃到最新鲜的果品。所以，农家乐种植果树具有显著的生态效益、经济效益和社会效益。

二、常见的果品种类

果树按叶的生长期，可分为落叶果树和常绿果树两大类。落叶果树又可分为仁果类（梨、苹果、山楂等）、核果类（桃、李、杏、樱桃等）、坚果类（核桃、栗、银杏等）、浆果类（葡萄、猕猴桃、草莓、无花果等）、柿枣类（柿、枣等）五类果树。常绿果树又可分为柑果类（柑橘、甜橙、柚等）、浆果类（枇杷等）、荔枝类（荔枝、龙眼等）、核果类

(杨梅、橄榄等)、坚果类(腰果、椰子、槟榔等)、荚果类、聚复果类、多年生草本类(香蕉、菠萝、草莓等)、藤本类(西番莲等)九类果树。

柑橘、桃、梨、葡萄为上海农家乐地区四大主栽果树树种,占全市林果总面积的90%。其他果树林种有枇杷、银杏、果桑、枣、猕猴桃、杏、李、樱桃、无花果等。

经过多年的发展,上海市市郊林果产业布局已经基本形成了一区一品的区域栽培格局。以南汇水蜜桃、嘉定葡萄、松江水晶梨、崇明三岛柑橘、青浦白沙枇杷、金山蟠桃、奉贤黄桃和小水果等为代表的特色果品在上海市民当中已有广泛的知名度。

三、果实的采摘方法

采收期的早晚对果实的产量、品质以及储藏性有很大的影响。应正确确定果实成熟度,做到适时采收,过早、过迟采收均能影响果品质量、产量。

采收时,应按先下后上、先外后内的顺序采收。采收过程中应防止一切机械伤害,如指甲伤、碰伤、擦伤、压伤等。果柄与果枝容易分离的梨、桃等果实,可以直接用手采摘。桃子果肩突起,果柄短,皮薄肉软,采摘方法不当,果实容易受伤。采摘时应先用手心托住桃子,将桃子满把握住,再将桃子向一侧轻轻一扳,就可采下,套袋果实可连袋采下,注意不能用手指按压果实和强拉果实。果柄与果枝结合较牢固的如柑橘、葡萄等,可采用采果剪剪取。采摘柑橘应选择采果专用剪,并严格采用"一果二剪"法,即第一剪留长梗剪下,第二剪把果蒂剪平,不可拉枝拉果。

采收时要轻采轻放,不可丢果、抛果。采收入箱后,随采随运,避免日晒雨淋。

四、常见果树的识别

农家乐识别果树主要方法是记住果树的特征。

上海地区柑橘以温州蜜柑为主。温州蜜柑为小乔木,树高2~4米,大枝开展,略显披垂,小枝粗长、无刺。叶为椭圆形或卵状椭圆形,两端渐尖、叶柄长,翼叶小,线形,叶脉稀而突出,叶色浓绿,花较大,单生、白色。单性结实。果实中等大,扁圆形、圆锥状扁圆形或球形,横径4.5~7.0厘米,果面橙色,油胞粗大而突出。囊瓣10瓣左右,为半圆形,囊壁较厚,汁胞短粗柔软,味甜少酸,无核。

上海地区桃的主要种类有普通桃、油桃与蟠桃。普通桃的果形从扁圆至卵圆,果皮上有茸毛。油桃的果形从扁圆至卵圆,果皮无茸毛。蟠桃的果形扁平,果皮上有茸毛。普通桃中的南汇水蜜桃为落叶小乔木,一般树高3~4米,干性弱,树冠开张。幼树生长旺盛,1年生长枝近1米以上。芽具有早熟性,树冠形成块。开始结果早,定植2~3年开始结果。果形圆整、青里泛白、白里透红,一般单果重100~200克,大的重300多克。皮薄肉厚，果肉致密，纤维少，香味浓，汁多味甜。核心稍带红色为该品种的主要特征。

上海地区梨多为砂梨，该品种为落叶乔木，小枝幼叶具灰白色茸毛，叶大，卵形至阔卵形，先端渐尖，基部圆形或广楔形，叶缘有针状锐锯齿，果扁圆、圆形，间或有长圆或卵形的。果皮多锈褐色，也有绿色，萼片多脱落，果梗长，石细胞较多，心室4～5室居多。

上海地区葡萄多属欧亚种葡萄和欧美杂交种葡萄。欧亚种葡萄叶片3～5裂，卷顶间隙性，叶背光滑无毛或少有茸毛，果皮薄，与果肉沾结，有芳香。欧美杂交种葡萄叶大而厚，全缘或三裂，叶背密生灰白色或褐色毡状毛，锯齿钝，卷须连续性。

第2节　蔬　　菜

学习目标

➢ 了解蔬菜的分类

➢ 掌握蔬菜的食用部分

知识要求

农家乐蔬菜全国各地品种繁多。

一、按植物学分类

按植物学分类蔬菜可以分为单子叶植物和双子叶植物两大类。

1. 单子叶植物分百合科和禾本科两科。

（1）百合科的蔬菜有：芦笋、大蒜、百合、韭菜等。

（2）禾本科的蔬菜有：糯玉米、茭白等。

2. 双子叶植物以十字花科、甘蓝类、芥菜类、豆科、茄科、葫芦科、伞形科、菊科为主。

（1）十字花科的蔬菜有：小白菜、大白菜等。

（2）甘蓝类的蔬菜有：椰菜、椰菜花、芥蓝、青花菜、球茎甘蓝等。

（3）芥菜类的蔬菜有：叶芥菜、茎芥菜等。

（4）豆科的蔬菜有：毛豆、蚕豆、扁豆、豇豆等。

（5）茄科的蔬菜有：番茄、茄子、辣椒、土豆等。

（6）葫芦科的蔬菜有：黄瓜、南瓜、笋瓜、西葫芦、苦瓜、丝瓜、冬瓜、菜瓜等。

（7）伞形科的蔬菜有：芹菜、胡萝卜等。

（8）菊科的蔬菜有：莴苣（生菜）、牛蒡等。

二、按农业生物学分类

按农业生物学分类蔬菜可以分为根菜类、白菜类、绿叶菜类、葱蒜类、茄果类、瓜类、豆类、薯芋类、水生蔬菜类、多年生蔬菜类、食用菌类。

1. 根菜类

萝卜、大头菜。

2. 白菜类

白菜、甘蓝。

3. 绿叶菜类

苋菜、蕹菜。

4. 葱蒜类

大蒜、韭菜。

5. 茄果类

番茄、茄子。

6. 瓜类

黄瓜、西瓜。

7. 豆类

毛豆、刀豆。

8. 薯芋类

山药、芋艿。

9. 水生蔬菜类

茭白、藕。

10. 多年生蔬菜类

多年生蔬菜类有草本、木本两类。

草本类：黄花菜、百合。

木本类：竹笋、香椿。

11. 食用菌类

香菇、蘑菇。

三、按食用部分分类

按食用部分蔬菜可以分为根菜类、茎菜类、叶菜类、花菜类、果菜类。

1. 根菜类

萝卜、胡萝卜、大头菜。

2. 茎菜类

马铃薯、菊芋、藕、荸荠、芋艿、慈姑、莴苣、菜薹、茭白、芦笋、竹笋、榨菜。

3. 叶菜类

小白菜、荠菜、菠菜、芹菜、生菜、苋菜、结球甘蓝、大白菜、结球生菜、葱、韭菜、洋葱、大蒜、百合。

4. 花菜类

花椰菜、金针菜。

5. 果菜类

南瓜、黄瓜、西瓜、甜瓜、冬瓜、丝瓜、苦瓜、茄子、番茄、辣椒、菜豆、豇豆、刀豆、毛豆、豌豆、蚕豆。

第 3 节 花 卉

学习目标

- ➢了解花卉的分类
- ➢掌握各种花卉的特点

知识要求

一、花卉的定义

花卉的定义包括狭义和广义两个方面。狭义上讲花卉仅指草本的观花和观叶植物。花是植物的繁殖器官，卉是草的总称。随着人类生活水平的提高、科学技术的不断发展、国际文化艺术的相互交流和渗透，花卉的范畴也在不断扩大，因此，从广义上讲花卉指凡是具有一定观赏价值，并按照一定的技艺进行栽培管理和养护的植物。

二、花卉分类

1. 按花卉生态习性及形态特征分类

（1）一二年生花卉。凤仙花：凤仙花又名指甲花、急性子，为凤仙花科。凤仙花属一年生草本花卉。株高50～60厘米，茎直立、光滑、肥厚多汁，青绿色或红褐色；单叶互生，披针形，具锯齿，花1～3朵，腋生，花萼3枚，侧面2枚较小，后面1枚大，向外延伸成距，花色有紫红、雪青、玫红、白及杂色等，花期6～9月；蒴果纺锤形。原产中国、印度和马来西亚。喜光稍耐阴；喜热忌寒；喜疏松土地；能自播繁殖。

（2）宿根花卉。蜀葵：蜀葵又名一丈红、端午锦，为锦葵科。蜀葵属多年生草本花卉，时常作二年生栽培。高1～2米，直立，无分枝或少分枝；叶互生，近圆形，有5～7浅裂，边缘有钝锯齿；花单生于叶腋，花单瓣或重瓣，有紫、粉、红、白等色，花期6～11月；蒴果。原产我国四川。喜光，稍耐半阴，耐寒；对土壤要求不严，能自播繁殖。有播种或分株二种繁殖。适合布置花境、花丛，或在建筑物前或篱笆边丛植。

（3）球根花卉。大丽花又名大理花、大丽菊，为菊科。大丽花属多年生球根花卉。地下具纺锤状肉质块根，叶对生，1～3回羽状深裂；头状花序大，舌状花单层或多层，中央为管状花，花期6～10月；花色有橙红、红、粉红、雪青、金黄、白等；瘦果。原产墨西哥及危地马拉。喜阳光充足，喜干燥凉爽的气候；喜肥，不耐寒，又畏酷暑；夏季高温多雨时开花不良。繁殖可通过播种、扦插、分切块根进行。适合布置花境、花坛、花丛，矮生品种可盆栽观赏。

（4）水生花卉。菖蒲又名水菖蒲，为天南星科。菖蒲属多年生水生草本植物。根茎粗大，横生，直径1～2.5厘米，叶剑形，自根茎端丛生，长50～150厘米，宽0.5～3厘米，有显著的中肋；佛焰苞叶状，长20～40厘米，宽5～8毫米，肉穗花序，长4～9厘米，直径1～2厘米，花淡黄色，气味香浓，花期6～7月；浆果，有种子1～4粒。常野生于沼泽地、溪旁及稻田附近等处。可自然条件下种子繁殖，人工还可将根茎切断分栽，容易成活，栽培管理粗放。适宜做水体绿化材料；也可做湿润地段地被种植。

（5）多浆植物和仙人掌类。虎尾兰：虎尾兰又名虎耳兰，为百合科。虎尾兰属多年生常绿花卉。叶簇生，常2～6片成束，硬革质，线状披针形，直立，先端有一短尖头，基部渐狭成有槽的叶柄，两面有浅绿色和深绿色相间的黑色斑带，稍被白粉；花白白至淡绿色，有香味，花期春夏。原产非洲西部。喜温暖、干燥和半阴的环境；怕强光曝晒，忌积水；喜排水良好、疏松肥沃的砂质土壤；冬季温度不低于5℃。常用分株或扦插繁殖，适合盆栽室内观赏。

（6）木本花卉。如牡丹（这里省略，后面有详述）。

2. 按观赏性质分类

(1) 观花类，如杜鹃、月季、牡丹。

(2) 观叶类，如龟背竹、红背桂、苏铁。

(3) 观茎类，如佛肚竹、黄金嵌碧玉、红瑞木。

(4) 观果类，如金银茄、佛手、金橘。

(5) 观芽类，如银柳。

3. 按开花季节分类

(1) 春花类，如虞美人、矮牵牛、三色堇。

(2) 夏花类，如荷花、茉莉、紫薇。

(3) 秋花类，如桂花、菊花、一串红。

(4) 冬花类，如腊梅、一品红、雏菊。

4. 按园林用途分类

(1) 花坛花卉，以一二年生花卉为主，如三色堇、鸡冠花。

(2) 花境花卉，以宿根花卉为主，如醉鱼草、美人蕉。

(3) 地被植物，用于覆盖地面的植物，如虎耳草、美女樱。

(4) 水景花卉，适合种植于水中或沼泽地中的植物，如荷花、水葱。

(5) 藤蔓花卉，主要是藤本植物，如常绿油麻藤、蔓长春。

(6) 盆栽花卉，以盆栽形式室内布置、点缀庭院，如杜鹃、仙客来。

(7) 切花花卉，作切花用的花卉，如唐菖蒲、香石竹。

第 4 节　我国十大名花介绍

学习目标

➢ 了解十大名花的特征和特点

知识要求

一、兰花

兰花又名中国兰、幽兰、芝兰，为兰科兰属多年生常绿草本花卉。根肉质肥大，白色，无节，假球茎俗称“芦头”；叶为带形，具平行叶脉；花单生或多数花排成总状花序，花被6瓣，分内外两圈排列，外三瓣为萼、内三瓣为花瓣；2枚直立，肉质较厚的称“棒”，下方一枚较大的称“唇瓣”，俗称“舌”，花的柱头与花丝的联合体俗称“鼻”。花有香气，花色有淡绿、白、紫红、淡黄等；蒴果，种子粉末状。

我国兰花约有20种，根据生态不同，分成地生兰、附生兰和腐生兰。

二、梅

梅又名梅花，属落叶小乔木，树皮灰褐色，树冠圆形，小枝多为绿色，先端常尖锐成刺。叶广卵形至卵形，先端渐长尖或尾尖，叶缘具尖细锯齿。花单生或2朵簇生于叶腋，先叶开放，花色由白至深红，有芳香。核果球形，绿黄色。花期1～3月，果熟期5～6月。梅原产我国西南，现黄河以南地区广有分布。弱阳性树，喜温暖湿润气候，有一定耐寒、耐旱能力。对土壤要求不严，耐瘠，也耐微碱，要求排水良好，忌积水，忌风。萌芽力强，耐修剪，寿命长。

梅是我国的传统名花，其姿、香、色俱佳以及“先天下而春”的特色深受人们喜爱，栽培历史已达2 500多年。

三、荷花

荷花又名莲、水芙蓉，为睡莲科。莲属多年生水生花卉。地下具肉质根状茎即藕；藕在植物学上称茎；藕上有节，节上抽出叶片，叶柄密生刚刺，叶盾状圆形，叶面黄绿色，不裂，立叶挺出水面，也有浮于水面的浮叶、钱叶，还有终止叶；花单生，挺出水面，两性，有单瓣、重瓣。花色有白、粉、淡黄、红、紫及复色等，盛花期6～8月；花谢后，花托形成倒圆锥形海绵状莲蓬，生长在水面上，内含小坚果。观赏类荷花地下茎细、生长势弱；食用类荷花地下茎粗壮，植株高大长势强，但花色单调，大多为白、粉，多为单瓣。

四、菊花

菊花又名秋菊、节花、鞠，为菊科。菊属多年生宿根草本花卉。茎直立或半蔓性，株高30～80厘米，单叶互生，有叶柄，叶片卵圆形，有浅裂或深裂，边缘有锯齿；花为头状花序，着生开茎顶或叶腋；花色有白、粉、黄、雪青、玫红、淡紫、墨红、淡绿、红面粉背等，花期10～12月，盛花期11月中下旬，9月中下旬开花多为早菊类；瘦果。菊原产我国。喜阳光充足，稍耐阴，较耐寒；耐旱，忌积水；喜深厚肥沃、排水良好的砂质土壤；忌连作，为典型的短日照花卉。可采用扦插、分株、嫁接、播种等方法繁殖。

依据菊花的用途及各地菊花栽培习惯的不同，栽培方法有地栽、瓦筒栽、套盆栽和盆栽，上海则以盆栽为主。

五、杜鹃花

杜鹃花又名映山红、满山红，为杜鹃花科。杜鹃花属常绿灌木或小乔木。杜鹃花在不同的环境中形成不同的形态特征；单叶互生，椭圆形或披针形，大多全缘，叶两面皆有柔毛；花单生或呈总状花序，花色有白、黄、红、深红、玫红及复色等；蒴果。我国目前栽培的园艺品种有200～300种，主要分成四个类型，即东鹃、毛鹃、西鹃和夏鹃。杜鹃花分布温带和亚热带高山地区。喜光，忌强光曝晒；喜凉爽、高湿环境；喜富含腐殖质、排水良好的微酸性土壤；最好种在向阳、冬季无寒风直袭处。可用扦插、播种、嫁接等方法繁殖。

六、山茶

山茶又名山茶花、曼陀罗树，为茶科。山茶属常绿灌木或小乔木。树皮灰褐色，叶互生、革质，有光泽，卵圆形至椭圆形，边缘有锯齿，正面深绿色，背面黄绿色；花顶生或腋生，具短梗或无梗，花色有红、粉、白等，花期11月至翌年4月；蒴果。原产中国、日本。喜温暖湿润的半阴环境，不耐西侧阳光曝晒；较耐寒，畏酷暑；喜疏松肥沃、排水良好的微酸性土壤。采用扦插、压条、嫁接、播种繁殖，上海地区以扦插为主。

七、月季

中国是月季的故乡。它花期长，从2月到12月，都会陆续开花，因此又叫“月月红”。月季于17—18世纪从中国传入欧洲，引起了西方园艺家的重视与兴趣。经过与西方原有蔷薇属的植物反复杂交，产生了风靡世界的现代月季，品种更为优良和繁多，花有红、白、绿、黄、紫及洒金等色，品种达万种以上，享有“花中皇后”的盛誉。月季的花朵硕大，花瓣鲜艳阔厚，经久不凋，含有清香，令人陶醉。它的适应性很强。凡公园、学校、名胜及机关等处，都可用来美化环境，也可作为布置花坛、花带、花径、花篱、花墙以及盆栽、插花等的材料。月季是蔷薇科小灌木，但有的种类呈蔓状或藤本状。枝叶都光滑无毛，但有皮刺。花以五为基数，而雄蕊数极多，数倍于五，雌蕊也很多，生于花托的凹陷部。月季按园艺分类可分为九类：中国月季、微型月季、十姊妹型月季、多花型月季、特大花型月季、单花大型月季、藤本月季、树型月季和野生型月季。其中十姊妹性型月季最常见，一株可开花50朵以上，香味淡雅，四季常开。

八、牡丹

牡丹原产我国西北部，即秦岭和陕北山地，多野生。在我国栽培历史悠久，南北朝时已成为观赏植物。唐时盛栽于长安，宋时称洛阳牡丹为天下第一，故牡丹又名洛阳花。牡丹为花中之王，有“国色天香”之称。每年 4—5 月开花，朵大色艳，奇丽无比，有红、黄、白、粉紫、墨、绿、蓝等色。花多重瓣，姿丰典雅，花香袭人。我国人民把它作为富丽繁华之象征，称之为“富贵花”。早在唐代都城长安栽植和观赏牡丹之况极盛，白居易诗曰“花开花落二十日，一城之人皆若狂”。目前，除洛阳之外，以山东菏泽赵公社牡丹最盛，每逢 4—5 月间牡丹盛开之时，五彩缤纷，香艳各异，吸引着全国园艺工作者和无数国际游人。

牡丹，是我国久负盛名的花卉，它雍容华贵，端妍富丽，是吉祥昌荣的象征。

九、水仙

水仙属石蒜科，水仙属多年生草本植物，原产中国，在中国已有一千多年栽培历史，为中国传统名花之一。此属植物全世界共有 800 多种，其中的 10 多种如喇叭水仙、围裙水仙等具有极高的观赏价值。水仙原分布在中欧、地中海沿岸和北非地区，中国的水仙是多花水仙的一个变种。花为白色，呈伞房花序，叶狭长带状，由其制成的水仙根具有清热解毒的功效。水仙花语为思念、团圆。而被中国人通常认为的水仙也只是它的其中一个在中国的大品种。

崇明水仙又是中国水仙的一个有名品种。喇叭水仙是常见的一个品种。

水仙鳞茎球形，叶扁平线形，长 20～30 厘米，宽 1.4～1.6 厘米，灰绿色，光滑。花单生，大型，淡黄色，径约 5 厘米；副冠约与花被片等长。花期二、三月。本种有许多园艺品种，有宽叶和窄叶品种，有花被白色、副冠黄色或花被副冠全为黄色的。

十、桂花

桂花属木樨科木樨属，又名“岩桂”“木犀”，俗称桂花树。常绿灌木或小乔木，为温带树种。叶对生，多呈椭圆或长椭圆形，树叶叶面光滑，革质，叶边缘有锯齿。花簇生，花冠分裂至基乳有乳白、黄、橙红等色。中国有包括信阳市、衢州市、汉中市在内的 20 多个城市以桂花为市花或市树。园林桂花原产我国西南喜马拉雅山东段，印度、尼泊尔、柬埔寨也有分布。中国西南部、四川、陕西（南部）、云南、广西、广东、湖南、湖北、江西、安徽等地，均有野生桂花生长，现广泛栽种于淮河流域及以南地区，其适生区北可抵黄河下游，南可至两广、海南。喜温暖湿润的气候，耐高温而不甚耐寒，为亚热带树种。桂花叶茂而常绿，对土壤的要求不太严，除碱性土和低洼地或过于黏重、排水不畅的土壤外，一般均可生长，但以土层深厚、疏松肥沃、排水良好的微酸性砂质壤土更加适宜。中秋前后飘香，对氯气、二氧化硫有较强抗性。

测试题

一、单项选择题（选择一个正确的答案，将相应的字母填入题内的括号中）

1. 果树是一种（　　），是园艺作物的一部分，果树的含义随着时代和地区的不同而变化。果树多数是木本植物，少数为草本作物，如草莓、香蕉、菠萝、西番莲等也在果树的范围之内。一般来说，果树是多年生植物，是能生产可供食用的果实或种子及其砧木等的总称。

A. 经济作物　　B. 观赏作物　　C. 食用作物　　D. 常绿作物

2. 果树是一种经济作物，是园艺作物的一部分，果树的含义随着（　　）的不同而变化。果树多数是木本植物，少数为草本作物，如草莓、香蕉、菠萝、西番莲等也在果树的范围之内。一般来说，果树是多年生植物，是能生产可供食用的果实或种子及其砧木等的总称。

A. 时间和地点　　B. 时代和地区　　C. 气候和地区　　D. 时代和气候

3. 果树是一种经济作物，是园艺作物的一部分，果树的含义随着时代和地区的不同而变化。果树多数是（　　），少数为草本作物，如草莓、香蕉、菠萝、西番莲等也在果树的范围之内。一般来说，果树是多年生植物，是能生产可供食用的果实或种子及其砧木等的总称。

A. 食用植物　　B. 观赏植物　　C. 木本植物　　D. 特有植物

4. 果树是一种经济作物，是园艺作物的一部分，果树的含义随着时代和地区的不同而变化。果树多数是木本植物，少数为草本作物，如草莓、香蕉、菠萝、西番莲等也在果树的范围之内。一般来说，果树是（　　），是能生产可供食用的果实或种子及其砧木等的总称。

A. 三年生植物　　B. 常年生植物　　C. 次年生植物　　D. 多年生植物

5. 经过多年的发展，上海市郊林果产业布局已经基本形成了（　　）的区域栽培格局。以南汇水蜜桃、嘉定葡萄、松江水晶梨、崇明三岛柑橘、青浦白沙枇杷、金山蟠桃、奉贤黄桃和小水果等为代表的特色果品在上海市民当中已有广泛的知名度。

A. 一区一品　　B. 区域特产　　C. 特种水果　　D. 地区水果

6. 经过多年的发展，上海市郊林果产业布局已经基本形成了一区一品的区域栽培格局。以（　　）、松江水晶梨、崇明三岛柑橘、青浦白沙枇杷、金山蟠桃、奉贤黄桃和小水果等为代表的特色果品在上海市民当中已有广泛的知名度。

A. 南汇水蜜桃、嘉定草莓　　B. 南汇水蜜桃、嘉定葡萄

C. 南汇草莓、嘉定葡萄　　D. 南汇葡萄、嘉定水蜜桃

7. 经过多年的发展，上海市郊林果产业布局已经基本形成了一区一品的区域栽培格局。以南汇水蜜桃、嘉定葡萄、松江水晶梨、崇明三岛柑橘、（　　）、奉贤黄桃和小水果等为代表的特色果品在上海市民当中已有广泛的知名度。

A. 青浦香瓜、金山蟠桃　　B. 青浦白沙枇杷、金山香瓜

C. 青浦白沙枇杷、金山蟠桃　　D. 青浦蟠桃、金山香瓜

8. 经过多年的发展，上海市郊林果产业布局已经基本形成了一区一品的区域栽培格局。以南汇水蜜桃、嘉定葡萄、松江水晶梨、崇明三岛柑橘、青浦白沙枇杷、金山蟠桃、奉贤黄桃和小水果等为代表的（　　）在上海市民当中已有广泛的知名度。

A. 时令水果　　B. 时令果品　　C. 特色水果　　D. 特色果品

9. 采收时，应按（　　）的顺序采收。果柄与果枝容易分离的梨、桃等果实，可以直接用手采摘。采摘时应先用手心托住桃子，将桃子满把握住，再将桃子向一侧轻轻一扳，就可采下，套袋果实可连袋采下，注意不能用手指按压果实和强拉果实。果柄与果枝结合较牢固的如柑橘、葡萄等，可采用采果剪剪取。采摘柑橘应选择采果专用剪，并严格采用“一果二剪”法，即第一剪留长梗剪下，第二剪把果蒂剪平，不可拉枝拉果。

A. 先下后上、先外后内　　B. 先上后下、先外后内

C. 先上后下、先内后外　　D. 先下后上、先内后外

10. 采收时，应按先下后上、先外后内的顺序采收。果柄与果枝容易分离的梨、桃等果实，可以直接用手采摘。采摘时应先用手心托住桃子，将桃子满把握住，再将桃子向一侧轻轻一扳，就可采下，套袋果实可连袋采下，注意不能用手指按压果实和强拉果实。果柄与果枝结合较牢固的如柑橘、葡萄等，可采用（　　）。采摘柑橘应选择采果专用剪，并严格采用“一果二剪”法，即第一剪留长梗剪下，第二剪把果蒂剪平，不可拉枝拉果。

A. 直接用手摘取　　B. 采果剪剪取

C. 连枝叶一起摘取　　D. 强拉果实摘取

11. 采收时，应按先下后上、先外后内的顺序采收。果柄与果枝容易分离的梨、桃等果实，可以直接用手采摘。采摘时应先用手心托住桃子，将桃子满把握住，再将桃子向一侧轻轻一扳，就可采下，套袋果实可连袋采下，注意不能用手指按压果实和强拉果实。果柄与果枝结合较牢固的如柑橘、葡萄等，可采用采果剪剪取。采摘柑橘应选择采果专用剪，并严格采用“（　　）”法，即第一剪留长梗剪下，第二剪把果蒂剪平，不可拉枝

拉果。

A. 一果一剪　　B. 一果三剪　　C. 一果二剪　　D. 一果多剪

12. 采收时，应按先下后上、先外后内的顺序采收。果柄与果枝容易分离的梨、桃等果实，可以直接用手采摘。采摘时应先用手心托住桃子，将桃子满把握住，再将桃子向一侧轻轻一扳，就可采下，套袋果实可连袋采下，注意不能用手指按压果实和强拉果实。果柄与果枝结合较牢固的如柑橘、葡萄等，可采用采果剪剪取。采摘柑橘应选择采果专用剪，并严格采用“一果二剪”法，即第一剪留长梗剪下，第二剪把果蒂剪平，（　　）。

A. 可拉枝拉果　　B. 可轻拉枝拉果

C. 可强拉枝果　　D. 不可拉枝拉果

13. 按农业生物学分类蔬菜可以分为（　　）、白菜类、绿叶菜类、葱蒜类、茄果类、瓜类、豆类、薯芋类、水生蔬菜类、多年生蔬菜类、食用菌类。

A. 根菜类　　B. 肉质根类菜　　C. 块根类菜　　D. 大头菜类

14. 按农业生物学分类蔬菜可以分为根菜类、白菜类、（　　）、葱蒜类、茄果类、瓜类、豆类、薯芋类、水生蔬菜类、多年生蔬菜类、食用菌类。

A. 普通叶菜类　　B. 绿叶菜类　　C. 结球叶菜类　　D. 辛番叶菜类

15. 按农业生物学分类蔬菜可以分为根菜类、白菜类、绿叶菜类、葱蒜类、（　　）、瓜类、豆类、薯芋类、水生蔬菜类、多年生蔬菜类、食用菌类。

A. 浆果类　　B. 荚果类　　C. 茄果类　　D. 果菜类

16. 按农业生物学分类蔬菜可以分为根菜类、白菜类、绿叶菜类、葱蒜类、茄果类、瓜类、豆类、薯芋类、水生蔬菜类、多年生蔬菜类、（　　）。

A. 无毒的蘑菇类　　B. 香菇类　　C. 木耳类　　D. 食用菌类

17. 花卉的定义包括狭义和广义两个方面。狭义上讲花卉仅指草本的（　　）植物。花是植物的繁殖器官，卉是草的总称。从广义上讲花卉指具有一定观赏价值，并按照一定的技艺进行栽培管理和养护的植物。

A. 观花和观叶　　B. 观叶和观芽　　C. 观花和观芽　　D. 观叶和观茎

18. 花卉的定义包括狭义和广义两个方面。狭义上讲花卉仅指草本的观花和观叶植物。（　　）是植物的繁殖器官，卉是草的总称。从广义上讲花卉指具有一定观赏价值，并按照一定的技艺进行栽培管理和养护的植物。

A. 叶　　B. 花　　C. 根　　D. 种子

19. 花卉的定义包括狭义和广义两个方面。狭义上讲花卉仅指草本的观花和观叶植物。花是植物的繁殖器官，卉是草的总称。从广义上讲花卉指具有一定（　　），并按照一定的技艺进行栽培管理和养护的植物。

A. 收藏价值　　B. 营养价值　　C. 观赏价值　　D. 美观价值

20. 花卉的定义包括狭义和广义两个方面。狭义上讲花卉仅指草本的观花和观叶植物。花是植物的繁殖器官，卉是草的总称。从广义上讲花卉指具有一定观赏价值，并按照一定的（　　）进行栽培管理和养护的植物。

A. 技术　　B. 要求　　C. 技巧　　D. 技艺

二、操作要求

1. 看实物识别果树

(1) 按照实物编号写出果树名称。

(2) 写出果树的类别。

(3) 写出果树科、属。

2. 看实物识别蔬菜

(1) 按照实物编号写出蔬菜名称。

(2) 写出蔬菜的类别。

(3) 写出蔬菜科、属。

3. 看实物识别花卉

(1) 按照实物编号写出花卉名称。

(2) 写出花卉的类别。

(3) 写出花卉科、属。

测试题答案及评分表

一、单项选择题

1. A　2. B　3. C　4. D　5. A　6. B　7. C　8. D　9. A　10. B　11. C　12. D　13. A　14. B　15. C　16. D　17. A　18. B　19. C　20. D

二、技能测试题

1. 看实物识别果树

编号	评分要素	配分	分值	评分标准	实际得分
1	写出果树名称	5	5	文字正确得 5 分，每错一个扣 1 分，扣完为止	
2	写出果树名称所对应的类别	5	5	对应类别正确得 5 分，每错一个扣 3 分，扣完为止	

续表

编号	评分要素	配分	分值	评分标准	实际得分
3	写出果树名称所对应的科、属	5	2	文字正确得2分，每错一个扣1分，扣完为止	
			2	对应的科正确得2分，每错一个扣1分，扣完为止	
			1	对应的属正确得1分，每错一个扣1分，扣完为止	
合计配分		15	合计得分		

2. 看实物识别蔬菜

编号	评分要素	配分	分值	评分标准	实际得分
1	写出蔬菜名称	5	5	文字正确得5分，每错一个扣1分，扣完为止	
2	写出蔬菜名称所对应的类别	5	5	对应类别正确得10分，每错一个扣3分，扣完为止	
3	写出蔬菜名称所对应的科、属	5	2	文字正确得2分，每错一个扣1分，扣完为止	
			2	对应的科正确得2分，每错一个扣1分，扣完为止	
			1	对应的属正确得1分，每错一个扣1分，扣完为止	
合计配分		15	合计得分		

3. 看实物识别花卉

编号	评分要素	配分	分值	评分标准	实际得分
1	写出花卉名称	5	5	文字正确得5分，每错一个扣1分，扣完为止	
2	写出花卉名称所对应的类别	5	5	对应类别正确得5分，每错一个扣3分，扣完为止	
3	写出花卉名称所对应的科、属	5	2	文字正确得2分，每错一个扣1分，扣完为止	
			2	对应的科正确得2分，每错一个扣1分，扣完为止	
			1	对应的属正确得1分，每错一个扣1分，扣完为止	
合计配分		15	合计得分		

第 9 章

食品与环境卫生

第 1 节　农家乐饮食卫生要求

学习目标

➢了解饮食卫生的重要性

➢掌握食品卫生的要求

知识要求

一、厨房卫生要求

1. 厨房的合理布局

农家乐接待户的厨房，绝大多数是由家庭厨房改建而成，为了使食品从原料到成品的流水作业线不发生交叉污染，厨房的配置应慎重考虑。从食品原料→仓库 → 初加工间→切配间 → 冷菜间 → 烹调间 → 备餐间 → 餐厅→ 食具消洗室要形成 3 条分线即主食加工一条线，副食加工一条线和食具洗消一条线。4 条通道即食品原料入口、垃圾污物出口、工作人员出入口和进餐人员出入口。食品做到生熟分开，主副食分开，动物性食品与蔬菜分开。

2. 厨房的卫生设备及相关要求

初加工区和消毒池都应有独立的下水道，防止环境污染，厨房的地面要有坡度，便于冲刷和干燥。为了降低厨房的温度和湿度，为了排除烹饪过程中散发出来的气味、蒸气和油烟，应安排排气扇和抽油烟机等设备。同时还需有良好的通风设施，临近灶台的墙面宜贴瓷砖或其他易擦洗的墙面装饰材料。

厨房内应设有专用的冰箱，食品储藏应生熟分开，设备要定期清理，做到先进先出，厨房内还应配备专用的碗、筷等餐具消毒设备。

二、食品卫生要求

1. 由原料到成品实行“四不制度”

采购员不买腐烂变质的原料，保管验收员不收腐烂变质的原料，加工人员（厨师）不用腐烂变质的原料，营业员（服务员）不卖腐烂变质的食品（零售单位不收进腐烂变质的食品，不出售腐烂变质的食品，不用手拿食品，不用废纸、污物包装食品）。

2. 成品（食物）存放实行“四隔离”

生与熟隔离，成品与半成品隔离，食品与杂物、药物隔离，食品与天然冰隔离。

3. 用（食）具实行“四过关”

一洗，二刷，三冲，四消毒（蒸汽或开水）。

4. 环境卫生采取“四定”办法

定人、定物、定时间、定质量。划片分工，包干负责。

5. 个人卫生做到“四勤”

勤洗手剪指甲，勤洗澡理发，勤洗衣服被褥，勤换工作服。

6. 几种常用的消毒办法

食品盛具洗涤、消毒程序主要有洗、涮、冲、消毒四道工序。

常用的消毒方法主要有物理方法和化学方法，根据农村旅游的特点和保护生态环境的出发。物理消毒法是农家乐接待户较理想的消毒办法。

（1）煮沸法。要求在100℃的条件下，食品器具的消毒时间为1～5分钟。

（2）蒸沸法。要求在90～100℃的条件下，食品器具的消毒时间为5～10分钟。

7. 几种食品的储藏加工要求

低温储藏有三种方式，即冻藏法、冷藏法和微冻法。熟食的储藏要保持在零下4℃左右，生鱼、肉类的短期储存要在零下6℃至零下10℃左右，冷藏的温度要在零下18℃左右，鲜蛋的储存一般以零下2℃到零下4℃为宜。

凉拌菜所使用的蔬菜和其他原料要认真清洗，能烫泡的菜，要用90℃以上的热水烫泡5分钟。加工销售熟肉、豆制品、凉菜要做到“五专”，即专人、专室、专工具、专消毒和专冷藏。食品要烧熟煮透，如扁豆要炒熟焖透，否则可能出现食物中毒现象。熟肉制品出锅要摊开凉透后入冰箱冷藏，夏季肉制品出锅后24小时内不食用必须回锅加热，严禁毒蘑菇、发芽土豆、河豚等进入厨房。

第2节　农家乐环境卫生制度

➢掌握环境卫生的各种制度

知识要求

农家乐环境卫生制度，立足于农家乐改善环境条件，强化规范管理，丰富内涵功能，着眼于农业增效、农民增收、农村发展的战略目标，大力营造和谐、文明、安全、卫生的旅游环境，树立良好的旅游形象，为建设宜居、宜业、宜游、宜乐的美丽乡村而制定。

一、周边环境卫生制度

（1）保持经营场所室内及房前屋后清洁整齐。做到垃圾入箱、家禽家畜围栏圈养，无杂物随意堆放。

（2）农家乐须按照要求建设污水处理设施，严格按要求排放。

（3）杜绝乱搭建、乱张贴、乱堆放等行为。农家乐改造和搭建新舍要符合村庄规划并保证周围环境风貌不受破坏。

（4）爱护村内公共设施、村内路灯、公共休闲场所，保持村内道路路面完整、畅通。

（5）保护村内古树名木，爱护花草树木，禁止游客随意践踏花草或伤害古树名木。

二、厨房和客房卫生制度

（1）切配凉菜要用专用刀、墩、板、容器，并保持其清洁，使用前应当进行清洗消毒。

（2）洗菜区具备两个以上禽肉、蔬菜分开的清洗池。

（3）食物储存间不得存放有毒、有害物品和不洁物。

（4）客房应当保持清洁卫生、宽敞、明亮、通风良好，枕巾、床单、被罩和洗漱用具等一客一消毒；有消灭苍蝇、蟑螂等有害昆虫的卫生措施。

（5）餐具、茶具应当清洁、无油渍，使用后清洗消毒。每日定时清理，保持室内卫生。

（6）农家乐接待的从业人员必须身体健康，持有有效健康证明，无任何传染性疾患和精神疾患。须具备一定的职业道德和服务意识，有爱心和社会责任感。

测试题

单项选择题（选择一个正确的答案，将相应的字母填入题内的括号中）

1. 农家乐接待户的厨房，绝大多数是由（　　）改建而成，食品做到生熟分开，主副食分开，动物性食品与蔬菜分开。为了降低厨房的温度和湿度，为了排除烹饪里散发出来的气味、蒸汽和油烟，应安排排气扇和抽油烟机等设备。同时还需有良好的通风设施，临近灶台的墙面宜贴瓷砖或其他易擦洗的墙面装饰材料。

A. 家庭厨房　　B. 家庭小卧室　　C. 家庭小餐厅　　D. 家庭小客厅

2. 农家乐接待户的厨房，绝大多数是由家庭厨房改建而成，食品做到（　　），动物性食品与蔬菜分开。为了降低厨房的温度和湿度，为了排除烹饪里散发出来的气味、蒸汽和油烟，应安排排气扇和抽油烟机等设备。同时还需有良好的通风设施，临近灶台的墙面宜贴瓷砖或其他易擦洗的墙面装饰材料。

A. 荤素分开，生熟分开　　B. 生熟分开，主副食分开

C. 荤素分开，主副食分开　　D. 荤素分开，点心糕点分开

3. 农家乐接待户的厨房，绝大多数是由家庭厨房改建而成，食品做到生熟分开，主副食分开，动物性食品与蔬菜分开。为了降低厨房的（　　），为了排除烹饪里散发出来的气味、蒸汽和油烟，应安排排气扇和抽油烟机等设备。同时还需有良好的通风设施，临近灶台的墙面宜贴瓷砖或其他易擦洗的墙面装饰材料。

A. 环境和空间　　B. 环境和湿度　　C. 温度和湿度　　D. 空间和温度

4. 农家乐接待户的厨房，绝大多数是由家庭厨房改建而成，食品做到生熟分开，主副食分开，动物性食品与蔬菜分开。为了降低厨房的温度和湿度，为了排除烹饪里散发出来的（　　），应安排排气扇和抽油烟机等设备。同时还需有良好的通风设施，临近灶台的墙面宜贴瓷砖或其他易擦洗的墙面装饰材料。

A. 温度、气味和蒸汽　　B. 温度、蒸汽和油烟

C. 温度、气味和蒸汽　　D. 气味、蒸汽和油烟

5. 采购员不买（　　），保管验收员不收腐烂变质的原料，加工人员（厨师）不用腐烂变质的原料，营业员（服务员）不卖腐烂变质的食品（零售单位不收进腐烂变质的食品，不出售腐烂变质的食品，不用手拿食品，不用废纸、污物包装食品）。

A. 腐烂变质的原料　　B. 过期变质的原料

C. 腐烂变质的食品　　D. 过期变质的食品

6. 采购员不买腐烂变质的原料，（　　）不收腐烂变质的原料，加工人员（厨师）不用腐烂变质的原料，营业员（服务员）不卖腐烂变质的食品（零售单位不收进腐烂变质的食品，不出售腐烂变质的食品，不用手拿食品，不用废纸、污物包装食品）。

A. 加工人员（厨师）　　B. 保管验收员　　C. 服务人员　　D. 餐厅管理人员

7. 采购员不买腐烂变质的原料，保管验收员不收腐烂变质的原料，加工人员（厨师）不用腐烂变质的原料，营业员（服务员）不卖（　　）（零售单位不收进腐烂变质的食品，不出售腐烂变质的食品，不用手拿食品，不用废纸、污物包装食品）。

A. 腐烂变质的原料　　B. 过期变质的原料

C. 腐烂变质的食品　　D. 过期变质的食品

8. 采购员不买腐烂变质的原料，保管验收员不收腐烂变质的原料，加工人员（厨师）不用腐烂变质的原料，营业员（服务员）不卖腐烂变质的食品（零售单位不收进腐烂变质的食品，不出售腐烂变质的食品，不用手拿食品，不用（　　）包装食品）。

A. 尼龙绳、泡沫　　B. 塑料盒、泡沫　　C. 废纸、塑料盒　　D. 废纸、污物

9. 保持经营场所室内及房前屋后（　　）。做到垃圾入箱、家禽家畜围栏圈养，无杂物随意堆放。杜绝乱搭建、乱张贴、乱堆放等行为。农家乐改造和搭建新舍要符合村庄规划并保证周围环境风貌不受破坏。

A. 清洁整齐　　B. 明亮整洁　　C. 清洁明亮　　D. 干净明亮

10. 保持经营场所室内及房前屋后清洁整齐。做到垃圾入箱、家禽家畜围栏圈养，无杂物随意堆放。杜绝（　　）等行为。农家乐改造和搭建新舍要符合村庄规划并保证周围环境风貌不受破坏。

A. 乱搭建、乱埋葬、乱堆放　　B. 乱搭建、乱张贴、乱堆放

C. 乱停放、乱埋葬、乱堆放　　D. 乱埋葬、乱停放、乱拥挤

11. 保持经营场所室内及房前屋后清洁整齐。做到垃圾入箱、家禽家畜围栏圈养，无杂物随意堆放。杜绝乱搭建、乱张贴、乱堆放等行为。农家乐改造和搭建新舍要符合（　　）并保证周围环境风貌不受破坏。

A. 环保要求　　B. 接待要求　　C. 村庄规划　　D. 民风民俗

12. 保持经营场所室内及房前屋后清洁整齐。做到垃圾入箱、家禽家畜围栏圈养，无杂物随意堆放。杜绝乱搭建、乱张贴、乱堆放等行为。农家乐改造和搭建新舍要符合村庄规划并保证（　　）不受破坏。

A. 周围自然风貌　　B. 周围生态风貌　　C. 周围民俗风貌　　D. 周围环境风貌

测试题答案

1. A　2. B　3. C　4. D　5. A　6. B　7. C　8. D　9. A　10. B　11. C　12. D

第 10 章

安全与消防技术

第 1 节　农家乐服务安全规范

学习目标

➢熟悉各项安全措施

➢掌握餐饮、住宿和活动环境安全

知识要求

游客参加农家乐旅游活动，在农家户用餐和住宿，接待单位不仅为游客提供各种新鲜可口的菜肴、舒适卫生的客房，更重要的是要保证游客有一个安全的就餐住宿环境，满足游客对人身、财产等安全的要求。因此，每一位接待服务员要执行安全措施，具有良好的安全意识，减少或避免事故的发生，让游客乘心而来，满意而归。

一、管理安全

农家乐的日常管理应参照旅馆业治安管理模式。对规模较小、经济承受力差、相对集中的“农家乐”，可以以村或多家联合为单位设立“农家乐服务中心”（简称“服务中心”），需建设旅馆业治安管理信息系统。“服务中心”和“农家乐”应建立健全旅客住宿登记、24 小时值班和定期安全巡查、重大情况报告、消防安全教育与培训、灭火和应急疏散预案演练等制度。

农家乐服务中心应设专人负责入住登记，做到“中心建网、户建簿、房编号”，及时上报住宿人员信息，并保证所填写资料真实。对身份证件可疑旅客要问清情况和原因，并立即向辖区派出所报告。对于旅游团队的住宿登记，“农家乐”可凭旅行社统一提供的人员名单、身份证件号码进行登记和录入，照片信息可以不录入。

二、人身安全

1. 安全用电要求

（1）各种电器使用后一定要切断电源，电器周围严禁堆放易燃易爆的物品。

（2）禁止用电灯、空调、电炉等电器烘烤衣物、床单、台布等棉织品。

（3）禁止农家户私自拉接大功率电线，切勿超功率使用电器。

(4) 客房内不放置电热水瓶、电熨斗、电热器等设备。

(5) 客房、餐厅清扫时，要注意避免电源、插座进水，禁止带电作业。

(6) 各种电气设备要经常检查，杜绝隐患。

2. 安全用火要求

(1) 经常检查液化气钢瓶的橡皮接口，防止老化。

(2) 客人使用明炉、酒精炉用餐时，服务员要在一旁照看。

(3) 禁止将燃气钢瓶放在餐厅，要婉拒客人使用瓶装液化气品尝火锅的要求。

(4) 液化气钢瓶的储藏地点要远离厨房和明火，距离要大于 20 米。

(5) 使用传统灶台烹制菜肴时，灶口周围严禁堆放大量干柴、稻草等易燃品。

(6) 客人用餐结束后，要检查燃气开关是否关闭，液化气瓶放置的地方要保持通风。

(7) 劝告客人不要在床上吸烟，床头柜上要有明显的禁止标志卡。

(8) 不在木地板上放置点燃的蚊香。

(9) 劝告客人不要在农家户的院落内、柴堆旁乱扔烟头。

(10) 加强安全防患工作，杜绝火灾隐情。

三、财产安全

确保游客的财产安全要求：

1. 接待户全天的服务工作结束后，要关好建筑物各处的门窗。

2. 每天客房清扫时，要检查阳台、窗户、门锁等各处防盗设施。

3. 农家或农家所在的村庄应提供游客贵重的物品的保管服务。

4. 住宿客人外出活动时，要锁好客人的客房。

5. 禁止其他人员擅自进入客人的房间。

6. 游客外出活动时，切忌接待户成员全部外出，如下地耕作等。

7. 客人离开时，要主动提醒客人带好随身物品，餐厅和客房清洁时，要先检查现场有无遗留物。

8. 游客住宿期间，接待户本家一般情况下不接待邻里、同事和亲友的来访。

四、服务环境安全

为宾客提供安全的服务环境，保证游客就餐、住宿、游览活动的安全，这是对从事农家乐旅游服务接待人员最基本的要求。

1. 餐饮、住宿环境安全要求

(1) 在就餐服务中，为客人上菜，遇到沸水、热汤、火锅、铁板夹类菜肴，或遇到在餐桌上浇热油、热汁的菜肴，一定要端平走稳，避免烫伤游客。发生烫伤不要慌乱，一要用凉水冲，二要敷烫伤药，如烫伤面积较大、较重，应即时送农家所在村的医务点，不要自行处理。

（2）意外防护。遇到饮酒过度呕吐的游客，可以边清洁，边让其他游客陪护，同时及时呈上黄瓜、葡萄、西瓜等解酒食品。遇到下雨、下雪天气要提醒游客注意路滑。楼层的过道转角和楼梯处要安装照明灯，要提醒游客上下楼梯注意安全。天黑以后，要劝阻游客在农家户院落外的水渠边、河浜边、井口游玩。提醒游客不要过分接近农户圈养的狗等家畜。

（3）妥善收藏好农家的农具如锄头、镰刀等，劝阻游客玩要农具。家中的其他相关摆设要稳固牢靠，河边、提水处、水井处要有防范设施。

2. 旅游活动环境安全

（1）提醒游客参加各项农事活动时要注意安全，如吊井水、摸螺等。

（2）不允许游客擅自下河游泳、捕捞。

（3）游客参加划船、游览滩涂、湿地时要有相关服务人员陪同。

（4）夜幕降临后，要劝阻游客继续外出活动。

（5）提醒游客不要采食不知名的野生果实。

（6）游客自由活动时，要提醒游客注意安全。

第 2 节　农家乐消防技术

学习目标

➢ 了解防火知识

➢ 掌握消防技术

知识要求

一、防火常识

（1）每间客房的门背后要张贴楼层安全逃生图。

（2）每层楼面配置灭火器不得少于两支。

（3）客房、楼道应有应急照明措施。

（4）烟缸内的烟头要熄灭后倒掉。

二、消防技术

火在生活和生产过程中是必不可少的，但是，一旦使用不当，它会给人们的生活和生产带来危害和灾难。因此，我们在生活和生产过程中，要防范火灾事故的发生。

1. 火灾诱因

（1）电器设备超负荷、短路、接触不良以及雷击、静电火花都可能使可燃气体或质地疏松的可燃物燃烧。

（2）靠近火炉或烟道的木板、木器，积聚在蒸气管道上的可燃粉尘、纤维，灯旁的纸张时间过长，易起火和燃烧。

（3）不同物质相遇，也会引起自燃。如水与钾钠钙接触；可燃物、易燃物与氧化剂、过氧化物接触；木屑、刨花、纸、布等有机物与硝酸等接触都容易引起燃烧。

2. 灭火原理

任何可燃物产生燃烧或待燃烧，都必须具备燃烧的必要条件。因此，灭火就是破坏燃烧条件，使燃烧反应终止的过程。灭火的基本原理可以归纳为：冷却法、窒息法、隔离法和化学抑制法。

3. 灭火要则

（1）边报警边扑救，争取时间，减少损失。报警要沉着冷静及时准确，要说清楚起火的部门和位置，燃烧的物质、火势的大小、道路通道等。

（2）报警的同时要及时组织人员扑灭初起之火，灭火器材应用得当，初起火灾完全可以很快扑灭的。

（3）先控制，后灭火。在扑救可燃气体、液体火灾时，可燃气体、液体如果从容器、管道中源源不断地喷散出来，应首先关闭阀门管道。如电引起的火灾应首先切断电源，切断一切可燃物的来源。

（4）先救人，后救物。在发生火灾时，如果人员受到火灾的威胁，应先将人员救出，然后疏散物资。

（5）防毒、防窒息。许多化学物品燃烧时会产生有毒烟雾。在扑救时，灭火人员应尽可能站在上风向，必要时佩戴防护面具，以防发生中毒或窒息事故。

（6）听指挥，莫惊慌。火灾事故一旦发生，现场比较混乱，因此，必须听从现场指挥员的统一指挥，互相配合，积极主动完成扑救任务。

4. 避险要领

（1）平时要熟悉紧急疏散的路线、保养消防楼梯。

（2）浓烟中逃生，要用湿毛巾捂住嘴和鼻子，避免一氧化碳中毒，并弯腰行走。

（3）在楼上的人员要用牢固的绳子等类似的物品逃生。

（4）不得跳楼。

5. 火灾逃生要领

（1）善用通道，莫入电梯。

（2）扑灭初期火灾，避免大祸产生。

（3）不入险地，不贪财物。

（4）简易防护，蒙鼻匍匐，缓降逃生，滑绳自救。

（5）通道切断，固守待援。

（6）火已及身，切勿惊跑。

（7）跳楼有术，虽损求生。

6. 灭火器的类型和使用

（1）常用灭火器有：干粉灭火器、二氧化碳灭火器、泡沫灭火器。

（2）正确使用不同的灭火器：干粉灭火器适用于扑救油类及其产品、可燃气体和电气设备的初起火灾。二氧化碳灭火器适用于扑救600伏以下的带电电器、贵重设备、仪器仪表、图书资料等初起火灾。泡沫灭火器适用于扑救油类、木材、纸张、棉麻等火灾。不能用于扑救水溶性可燃液体、金属以及遇水燃烧物质的火灾。

（3）手提储压式干粉灭火器的使用

规定用时：半小时。

操作条件：干柴、引火物等。

操作程序：拔去保险销，喷口对准火源，按下阀门压把喷射，扑救灭火。

喷射方向：顺风喷射，喷射出的干粉迅速扫向火源根部，左右摆动，喷射灭火。

测试题

一、单项选择题（选择一个正确的答案，将相应的字母填入题内的括号中）

1. 农家乐的日常管理应参照（　　）。对规模较小、经济承受力差、相对集中的“农家乐”，可以以村或多家联合为单位设立“农家乐服务中心”（简称“服务中心”），需建设旅馆业治安管理信息系统。“服务中心”和“农家乐”应建立健全旅客住宿登记、24小时值班和定期安全巡查、重大情况报告、消防安全教育与培训、灭火和应急疏散预案演练等制度。

A. 旅馆业治安管理模式　　B. 餐饮业治安管理模式

C. 娱乐业治安管理模式　　D. 小区治安管理模式

2. 农家乐的日常管理应参照旅馆业治安管理模式。对规模较小、经济承受力差、相对集中的“农家乐”，可以以（　　）为单位设立“农家乐服务中心”（简称“服务中心”），需建设旅馆业治安管理信息系统。“服务中心”和“农家乐”应建立健全旅客住宿登记、24 小时值班和定期安全巡查、重大情况报告、消防安全教育与培训、灭火和应急疏散预案演练等制度。

A. 镇或村多家联合　　B. 村或多家联合

C. 家庭或村多家联合　　D. 家庭与家庭多家联合

3. 农家乐的日常管理应参照旅馆业治安管理模式。对规模较小、经济承受力差、相对集中的“农家乐”，可以以村或多家联合为单位设立“农家乐服务中心”（简称“服务中心”），需建设旅馆业治安管理信息系统。“服务中心”和“农家乐”应建立健全（　　）、24 小时值班和定期安全巡查、重大情况报告、消防安全教育与培训、灭火和应急疏散预案演练等制度。

A. 旅客餐饮登记　　B. 旅客来访登记

C. 旅客住宿登记　　D. 旅客身份登记

4. 农家乐的日常管理应参照旅馆业治安管理模式。对规模较小、经济承受力差、相对集中的“农家乐”，可以以村或多家联合为单位设立“农家乐服务中心”（简称“服务中心”），需建设旅馆业（　　）。“服务中心”和“农家乐”应建立健全旅客住宿登记、24 小时值班和定期安全巡查、重大情况报告、消防安全教育与培训、灭火和应急疏散预案演练等制度。

A. 住宿管理登记系统　　B. 旅客身份管理系统

C. 访客管理系统　　D. 治安管理信息系统

5. 包括（　　）安全。各种电器使用后一定要切断电源，电器周围严禁堆放易燃易爆的物品。各种电气设备要经常检查，杜绝隐患。经常检查液化气钢瓶的橡皮接口，防止老化。客人使用明炉、酒精炉用餐时，服务员要在一旁照看。液化气钢瓶的储藏地点要远离厨房和明火，距离要大于 20 米。

A. 用火和用电　　B. 用火和用气　　C. 用电和用气　　D. 用电和用油

6. 包括用火和用电安全。各种电气使用后（　　），电器周围严禁堆放易燃易爆的物品。各种电气设备要经常检查，杜绝隐患。经常检查液化气钢瓶的橡皮接口，防止老化。客人使用明炉、酒精炉用餐时，服务员要在一旁照看。液化气钢瓶的储藏地点要远离厨房和明火，距离要大于 20 米。

A. 可设在待机状态　　B. 一定要切断电源

C. 关闭总电源　　D. 开关设在关的位置

7. 包括用火和用电安全。各种电器使用后一定要切断电源，电器周围严禁堆放易燃易爆的物品。各种电气设备要经常检查，杜绝隐患。经常检查液化气钢瓶的橡皮接口，防止老化。客人使用（　　）用餐时，服务员要在一旁照看。液化气钢瓶的储藏地点要远离厨房和明火，距离要大于 20 米。

A. 电磁炉、明炉　　B. 电磁炉、酒精炉

C. 明炉、酒精炉　　D. 电磁炉、微波炉

8. 包括用火和用电安全。各种电器使用后一定要切断电源，电器周围严禁堆放易燃易爆的物品。各种电气设备要经常检查，杜绝隐患。经常检查液化气钢瓶的橡皮接口，防止老化。客人使用明炉、酒精炉用餐时，服务员要在一旁照看。液化气钢瓶的储藏地点要远离厨房和明火，距离要（　　）。

A. 大于 10 米　　B. 大于 30 米　　C. 大于 5 米　　D. 大于 20 米

9.（　　）全天的服务工作结束后，要关好建筑物各处的门窗。每天客房清扫时，要检查阳台、窗户、门锁等各处防盗设施。客人离开时，要主动提醒客人带好随身物品，餐厅和客房清洁时，要先检查现场有无遗留物。游客住宿期间，接待户本家一般情况下不接待邻里、同事和亲友的来访。

A. 接待户　　B. 前台服务员　　C. 接待员　　D. 餐厅服务员

10. 接待户全天的服务工作结束后，要关好建筑物各处的门窗。每天（　　），要检查阳台、窗户、门锁等各处防盗设施。客人离开时，要主动提醒客人带好随身物品，餐厅和客房清洁时，要先检查现场有无遗留物。游客住宿期间，接待户本家一般情况下不接待邻里、同事和亲友的来访。

A. 餐厅清扫时　　B. 客房清扫时　　C. 客厅清扫时　　D. 卫生间清洁时

11. 接待户全天的服务工作结束后，要关好建筑物各处的门窗。每天客房清扫时，要检查阳台、窗户、门锁等各处防盗设施。客人离开时，要主动提醒客人带好随身物品，（　　）清洁时，要先检查现场有无遗留物。游客住宿期间，接待户本家一般情况下不接待邻里、同事和亲友的来访。

A. 大厅和客厅　　B. 客厅和客房　　C. 餐厅和客房　　D. 客房和卫生间

12. 接待户全天的服务工作结束后，要关好建筑物各处的门窗。每天客房清扫时，要检查阳台、窗户、门锁等各处防盗设施。客人离开时，要主动提醒客人带好随身物品，餐厅和客房清洁时，要先检查现场有无遗留物。（　　），接待户本家一般情况下不接待邻

里、同事和亲友的来访。

A. 游客游览期间　B. 游客用餐期间　C. 游客休息期间　D. 游客住宿期间

13. 为宾客提供安全的（　），保证游客就餐、住宿、游览活动的安全，这是对从事农家乐旅游服务接待人员最基本的要求。

A. 服务环境　B. 用餐环境　C. 游览环境　D. 住宿环境

14. 为宾客提供安全的服务环境，保证游客（　）的安全，这是对从事农家乐旅游服务接待人员最基本的要求。

A. 就餐、住宿、体验活动　B. 就餐、住宿、游览活动

C. 度假、住宿、就餐活动　D. 度假、住宿、游览活动

15. 为宾客提供安全的服务环境，保证游客就餐、住宿、游览活动的安全，这是对从事农家乐（　）接待人员最基本的要求。

A. 接待服务　B. 餐厅服务　C. 旅游服务　D. 住宿服务

16. 为宾客提供安全的服务环境，保证游客就餐、住宿、游览活动的安全，这是对从事农家乐旅游服务（　）最基本的要求。

A. 从业人员　B. 导游员　C. 客房服务员　D. 接待人员

17. 每间客房的（　）要张贴楼层安全逃生图。每层楼面配置灭火器不得少于两支。客房、楼道应有应急照明措施。烟缸内的烟头要熄灭后倒掉。

A. 门背后　B. 走道内　C. 显要位置　D. 卫生间

18. 每间客房的门背后要张贴楼层安全逃生图。每层楼面配置灭火器（　）。客房、楼道应有应急照明措施。烟缸内的烟头要熄灭后倒掉。

A. 不得少于一支　B. 不得少于两支　C. 不得少于三支　D. 不得少于四支

19. 每间客房的门背后要张贴楼层安全逃生图。每层楼面配置灭火器不得少于两支。（　）应有应急照明措施。烟缸内的烟头要熄灭后倒掉。

A. 客房、餐厅　B. 客房、卫生间　C. 客房、楼道　D. 楼道、楼梯

20. 每间客房的门背后要张贴楼层安全逃生图。每层楼面配置灭火器不得少于两支。客房、楼道应有（　）。烟缸内的烟头要熄灭后倒掉。

A. 应急消防设备　B. 应急自救设备　C. 应急灭火设施　D. 应急照明措施

21.（　）在生活和生产过程中是必不可少的，但是，一旦使用不当，它会给人们的生活和生产带来危害和灾难。因此，我们在生活和生产过程中，要防范火灾事故的发生。

A. 火　B. 水　C. 电　D. 气

22. 火在生活和生产过程中是（　）的，但是，一旦使用不当，它会给人们的生活

和生产带来危害和灾难。因此，我们在生活和生产过程中，要防范火灾事故的发生。

A. 不可或缺　B. 必不可少　C. 举足轻重　D. 可有可无

23. 火在生活和生产过程中是必不可少的，但是，一旦（　），它会给人们的生活和生产带来危害和灾难。因此，我们在生活和生产过程中，要防范火灾事故的发生。

A. 使用过度　B. 使用不善　C. 使用不当　D. 胡乱使用

24. 火在生活和生产过程中是必不可少的，但是，一旦使用不当，它会给人们的生活和生产带来危害和灾难。因此，我们在生活和生产过程中，要（　）事故的发生。

A. 严控火灾　B. 控制火灾　C. 防止火灾　D. 防范火灾

二、技能测试题

1. 口述火灾逃生要领的相关内容。

（1）灵活掌握火灾逃生的要领，不要死记硬背。

（2）口齿清晰，语言流畅。

（3）表情自然大方。

2. 灭火器的使用

（1）使用程序——拔去保险销，喷口对准火源，按下阀门压把喷射，扑救灭火。

（2）喷射方向——顺风喷射，喷射出的干粉迅速扫向火源根部，左右摆动，喷射灭火。

（3）熟练程度——迅速，准确，按时。

（4）文明安全——举止文明，动作规范，步步安全，工完场清。

3. 游客入住在农家时，如何做好客人的财产安全工作？

（1）姿态大方，面带微笑。

（2）音量适中，口齿清晰，使用普通话。

（3）答题内容符合标准，合乎逻辑。

（4）在规定的时间内完成答题。

测试题答案及评分表

一、单项选择题

1. A　2. B　3. C　4. D　5. A　6. B　7. C　8. D　9. A　10. B　11. C　12. D　13. A　14. B　15. C　16. D　17. A　18. B　19. C　20. D　21. A　22. B　23. C　24. D

二、技能测试题

1. 口述火灾逃生要领的相关内容

（1）评分表

编号	评分要素	配分	分值	评分标准	实际得分
1	灵活掌握火灾逃生的要领，不要死记硬背	10	10	回答出“要领”中任意五点得全分，缺一点扣2分	
2	口齿清晰，语言流畅，表情自然大方	3	3	体现情感、色彩、分量	
3	语言正确	5	2	注意多音字	
			3	注意误读字	
4	按时完成	2	2	在规定的时间内完成答题	
合计配分		20	合计得分		

（2）参考答案——火灾逃生要领

1）善用通道，莫入电梯。

2）扑灭初期火灾，避免大祸产生。

3）不入险地，不贪财物。

4）简易防护，蒙鼻匍匐，缓降逃生，滑绳自救。

5）通道切断，固守待援。

6）火已及身，切勿惊跑。

7）跳楼有术，虽损求生。

2. 灭火器的使用

编号	评分要素	配分	分值	评分标准	实际得分
1	使用程序	7	7	拔去保险销，喷口对准火源，按下阀门压把喷射 扑救灭火顺序正确得满分，有不协调的适当扣分	
2	喷射方向	6	6	顺风喷射，喷射出的干粉迅速扫向火源根部，左右摆动，喷射灭火，得满分	
			4	不左右摆动，扣2分	
			0	喷射方向不准为0分	
3	熟练程度	4	4	迅速、准确、在规定时间内完成灭火得满分，超时间扣2分	
4	文明安全	3	3	举止文明，动作规范，步步安全，完工场清	
合计配分		20	合计得分		

3. 游客入住在农家时，如何做好客人的财产安全工作？

（1）评分表

编号	评分要素	配分	分值	评分标准	实际得分
1	普通话	5	5	音正、有语调、不误读	
2	财产安全	15	7	提到“住所安全内容”	
			4	提到“贵重物品安全内容”	
			4	提到“不丢衣物内容”	
合计配分		20	合计得分		

（2）参考答案——确保宾客的财产安全要求

1）接待户全天的服务工作结束后，要关好建筑物各处的门窗。

2）每天客房清扫时，要检查阳台、窗户、门锁等各处防盗设施。

3）农家或农家所在的村庄应提供游客贵重的物品的保管服务。

4）住宿客人外出活动时，要锁好客人的客房，禁止其他人员擅自进入客人的房间。

5）游客外出活动时，切忌接待户成员全部外出，如下地耕作等。

6）客人离开时，要主动提醒客人带好随身物品，餐厅和客房清洁时，要先检查现场有无遗留物。

农家乐服务理论知识考试模拟试卷及答案

农家乐服务理论知识试卷

注 意 事 项

1. 考试时间：90分钟。

2. 请首先按要求在试卷的标封处填写您的姓名、准考证号和所在单位的名称。

3. 请仔细阅读各种题目的回答要求，在规定的位置填写您的答案。

4. 不要在试卷上乱写乱画，不要在标封区填写无关的内容。

	总 分
得 分	

得 分	
评分人	

单项选择题（第1题～第100题。选择一个正确的答案，将相应的字母填入题中括号内。每题1分，满分100分）

1. “农家乐”是指以乡村（　　）为服务单元，以休闲度假为目的，以体验为手段，以城市游客为目标群体的新型休闲旅游服务产业。

A. 农业家庭　　B. 休闲度假　　C. 体验　　D. 游客

2. 农家乐服务专项职业是指取得国家（　　）部门认可的相关资质，按照农家乐行业的服务规则和服务标准，为城市游客群体提供服务，并获得一定报酬的经济职业行为。

A. 劳动　　B. 民政　　C. 有关　　D. 税务

3. 开展以农家乐为形式的新型农业职业开发、培养新型农民，对提高农村劳动力择业和（　　）能力、增强农村劳动力就业竞争能力、促进农村劳动力转移、有效增加农民收入，都具有十分重要的作用。

A. 就业　　B. 创业　　C. 再就业　　D. 经商

4. 城市化的快速发展，城市人口规模的扩大，为农家乐和（　　）农业的发展提供了市场空间。

A. 高效　　B. 生态　　C. 休闲　　D. 特色

5. 2010年，上海市人均GDP已达11 000美元，意味着居民的消费结构将发生重大改变，休闲消费无疑成为其中的一大亮点，（　　）潜力巨大。

A. 挖掘　　B. 经济　　C. 农家乐　　D. 市场

6. 通过发展（　　）和新农村建设，农村的生产、生活正在发生根本改变，为农家乐和乡村旅游的发展提供了有力支撑。

A. 现代农业　　B. 生态农业　　C. 特色农业　　D. 都是农业

7. 城市人群已不满足于传统的游览活动，个性化、人性化、亲情化的休闲、（　　）和度假活动渐成新宠。上海市旅游市场正由观光型向休闲度假型升级。

A. 结伴　　B. 体验　　C. 聚餐　　D. 实践

8. 农村富余劳动力的大量增加，为农民依托农业产业、依靠农村自然资源发展农家乐和乡村旅游，强化（　　），走创业就业发展道路提供了人力资源保障。

A. 组织领导　　B. 培训　　C. 服务业　　D. 素质教育

9. 职业理念的核心是职业价值观，它指导职业行为，只有在旅游职业活动中牢牢树立"服务、（　　）"的职业理念，才能在为旅游者提供多种服务项目的过程中理性地站在责任、道德的认识高度承受强大的劳动强度、面对复杂的劳动对象、满足多样的服务要求、应对变化的劳动场景，从而建立起个体职业生涯中的动力系统。

A. 严谨　　B. 敬业　　C. 微笑　　D. 自律

10. 农家乐服务从业人员遵循"严谨、自律"的（　　）原则，具体就是在服务中做到做明理诚信、言行规范、公私分明、遵纪守法，时刻维护旅游消费者的利益，进而维护行业的整体利益和形象。

A. 操守　　B. 工作　　C. 服务　　D. 遵守

11. 业务技能素养是指农家乐服务从业人员的（　　）结构、人际交往能力、组织协调能力等方面的能力素养。

A. 技能骨干　　B. 专业知识　　C. 掌握知识　　D. 服务对象

12. 语言表达能力是农家乐从业人员的基本技能，要讲好普通话，发音准确，词汇（　　），表达贴切。

A. 妥当　　B. 合理　　C. 生动　　D. 确切

13. 农家乐从业人员在整个服务过程中担当着组织者和协调人的角色，（　　）具备较强的组织和协调能力。

A. 基本　　B. 应该　　C. 一般　　D. 必须

14. 健康的人，是指（　　）健康、心理健康和社会适应能力良好三者的完善统一。

A. 躯体　　B. 身体　　C. 思想　　D. 身心

15. 农家乐从业人员要有良好的心理素质，一方面要经得起游客的（　　）而不自我陶醉，另一方面要随时准备承受某些误解、怨言、委屈。

A. 批评　　B. 赞扬　　C. 表扬　　D. 夸口

16. 崇明农家乐旅游起始于（　）年，这年5月，前卫村的农家乐旅游接待了第一批游客。

A. 1997　　B. 1998　　C. 1999　　D. 2000

17. 2004年7月27日，中共中央总书记、国家主席胡锦涛来到祖国第三大岛崇明，视察前卫村，鼓励前卫村“抓住生态建设这个特色，打好生态发展这张牌”，认为前卫村“农家乐（　）”。

A. 积聚力量　　B. 前途光明　　C. 大有前途　　D. 前途无量

18. 到（　）去，吃农家饭、住农家屋、干农家活，体验崇明农家生活，可以对崇明人的生存智慧有一个真切的了解。

A. 崇明　　B. 前卫村　　C. 瀛东村　　D. 绿港村

19. 前卫村观光生态农业有千亩和百亩两块循环农业示范区、250亩（　）大棚、拥有农业废弃物资源综合利用沼气站和即将投入运营的60千瓦秸秆气化发电及生物质成形项目。

A. 设施　　B. 智能化　　C. 标准化　　D. 简单化

20. 地处海岛的崇明，在1 300多年沧海桑田和农耕文化演变历史中，形成了不同于其他地方的民俗（　），到崇明农家乐旅游，可以领略海岛先人的生活方式变迁和生产力的发展。

A. 特色　　B. 风格　　C. 风情　　D. 情趣

21. 到瀛东村渔家乐乐园，游客可以做一日渔民，尽情享受（　）乐趣。

A. 抓鱼　　B. 钓鱼　　C. 船工　　D. 休闲

22. 农家乐成为农民（　）的“窗口”，成为城市与崇明农村互动的桥梁。各地游客为农村带来了新思想、新观念，使农民及时了解到市场信息，为生产经营与市场需求相接轨创造条件。

A. 了解市场　　B. 精神文明　　C. 接待旅游　　D. 接待游客

23. 崇明岛的历史是一部不断围垦、不断拓荒的历史，开垦拓荒，围海造田，崇明人在与大自然的搏斗中锤炼出独有的秉性特征，蕴含着不畏艰险、（　），艰苦创业的精神内涵，无论是前卫村农家乐还是瀛东村渔家乐，都非常明显地体现了这种精神。

A. 知难而上　　B. 顽强拼搏　　C. 奋发有为　　D. 坚定性心

24. 我国宪法规定“国家推广全国通用的普通话”。学会使用普通话表达能提高（　）质量。

A. 讲话　　B. 说话　　C. 服务　　D. 语言

25. 普通话中一个字的发音由三部分组成：声母、韵母、（　　）。

A. 拼音　　B. 声音　　C. 鼻音　　D. 声调

26. （　　）里的“点心”是指正餐外的一些茶点，通常是下午两三点之间，也就是上海方言中的“小点心”之意。

A. 普通话　　B. 上海话　　C. 崇明话　　D. 苏北话

27. 上海地区的人见面打招呼，（　　）用的话是“饭吃了?”“到哪里去?”“干什么去?”等，是一种习惯性的、想拉近距离的问候。但在普通话中，一般用“您好”或“你好”两个字表示问候。在有些人看来，上海这种习惯性的问候语是不礼貌的。

A. 经常　　B. 习惯　　C. 必须　　D. 时常

28. 全国通行的10字文明用语是“您好”“请”“谢谢”“对不起”“再见”。这是（　　）接待服务员必须掌握的基本用语。

A. 宾馆　　B. 服务行业　　C. 农家乐　　D. 餐饮

29. 招呼礼貌用语：您好，欢迎您的（　　）；请您跟我来；请稍等，我马上为您安排；让您久等了，里面请。

A. 指导　　B. 指教　　C. 到来　　D. 光临

30. （　　）礼貌用语：请慢走，再见。欢迎您再次光临。希望您对我们的工作多提宝贵意见。欢迎您下次再来。

A. 道别　　B. 送客　　C. 文明　　D. 礼节

31. 陈述法是根据游览（　　）的顺序，按所述事件的来龙去脉进行系统讲解的一种方法，其特点是平铺直叙，起伏较小，是景点讲解中使用最广泛的方法之一。

A. 方向　　B. 景物　　C. 规定　　D. 确定

32. 问答法是在讲解过程中通过向游客提问题并进行解答来传播知识的一种讲解方法。问答法能吸引游客的注意力，激发游客的（　　）心理，加深游客的游览记忆。

A. 愉快　　B. 游览　　C. 愉悦　　D. 高兴

33. 知识渗透法是在讲解景物或事理时，适当介绍一些相当的（　　）知识材料。

A. 以前　　B. 当前　　C. 历史　　D. 背景

34. 使用（　　）的时候主要突出有代表性的景物，突出与众不同的地方，突出游客最感兴趣的内容。

A. 重点法　　B. 数字法　　C. 问题法　　D. 陈述法

35. 讲解词是讲解与展品的结合，是对（　　）的注释、补充和延伸，是再创造的过程即综合处理的过程。

A. 陈列品　　B. 陈列语言　　C. 陈列物品　　D. 历史

36. 讲解时要对声音进行艺术处理，做到悦耳亲切。讲解时的表达（　　）主要是要求讲解员有正确的语调、重音、节奏、吐字归音。

A. 方式　　B. 能力　　C. 技巧　　D. 方法

37. 讲解的现场技巧应掌握三个环节：讲解时的位置、讲解时的态势、实际讲解的（　　）。

A. 风格　　B. 观点　　C. 内容　　D. 对策

38. 与宾客（　　）时，首先要面带微笑地倾听，眼光要注视客人，为了表示对宾客的尊重，一般应站立说话。

A. 对话　　B. 说话　　C. 讲话　　D. 发话

39. 在接待服务过程中，经常会有意想不到的变化和事件发生，需要接待服务员进行（　　）。劝服方法主要有迂回式和鼓动式。

A. 劝说　　B. 劝服　　C. 劝阻　　D. 说服

40. 接待服务员在服务过程中要进行适当的解释，而不能生硬地拒绝。拒绝的方法主要有（　　）和婉转式。

A. 沟通式　　B. 诚信式　　C. 坦诚式　　D. 避开式

41. 接待服务员要用真诚的言语主动向游客道歉，求得游客的谅解，（　　）矛盾。道歉分直接道歉和间接道歉两种。

A. 缓解　　B. 和解　　C. 平息　　D. 缓和

42. 农家乐服务的（　　）；指导哪些话不能说，这在农家乐服务中，尤为重要。

A. 禁语　　B. 注意点　　C. 注意事项　　D. 语言表达

43. 礼节是人们在交往时，表示相互（　　）的惯用形式，在农家乐服务中，使用较多的是握手礼和鞠躬礼。

A. 尊重　　B. 尊敬　　C. 理解　　D. 平等

44. 礼节是礼貌的具体表现，礼貌是礼节的规范，礼节是表示尊重的（　　）要求，礼貌是表示尊重的言行规范。在农家乐服务中，服务员应做到举止文明大方，言语恭敬自然，态度温和诚恳。

A. 具体　　B. 素质　　C. 形式　　D. 素养

45. 讲究礼节礼貌是社会主义精神文明建设的需要，是旅游接待服务工作的需要，是提高农家乐服务人员（　　）素质的需要。

A. 行为　　B. 文明　　C. 接待　　D. 基本

46.（　　）、大方的仪容既能反映出服务人员的行业素质，同时也可反映出农家乐的接待单位良好的服务形象，反映出接待单位总体的服务水准。

A. 规范的仪表　　B. 端正的仪表
C. 规定的仪表　　D. 统一的仪表

47. 良好的仪容仪表是（　　）游客、传播农村新面貌的需要。

A. 尊重　　B. 尊敬　　C. 服务　　D. 接待

48. 按接待单位规定着装，体现农家乐（　　）。佩戴服务标志、服装平整、无掉扣、无破损、无污渍、不穿拖鞋、不赤足。

A. 旅游风貌　　B. 旅游特长　　C. 旅游特色　　D. 旅游特点

49. 头发梳理整齐，面容清洁。女性年轻服务员可略施淡妆上岗，但不得（　　）。

A. 涂红色指甲油　　B. 涂黑色指甲油
C. 涂绿色指甲油　　D. 涂有色指甲油

50. 对（　　）可称"先生"，在知道客人的姓氏时，最好称"某先生"。对年轻的女性客人可称"小姐"。对已婚的女性客人可称"夫人"。对不知道婚姻用状况的女性客人可称"女士"。

A. 男性客人　　B. 青年男性客人
C. 老年男性客人　　D. 少年男性客人

51. 农家乐服务人员在服务场所内碰到客人时，应主动问好。根据（　　）主动问候"您好""早上好""下午好""晚上好"。客人来临时，应主动说"欢迎光临""欢迎来某某旅游"。向客人道别时，应主动说："再见""希望你们再次光临""请走好"。

A. 不同的季节　　B. 不同的时间　　C. 不同的地点　　D. 不同的场所

52. 在旅游接待服务中，作为服务人员不宜主动与客人握手，但在许多情况下客人主动要求与服务人员握手时，则不应回避，应大方地与客人握手。在行握手时，应（　　），举止自然，双目注视客人。

A. 表情严肃　　B. 面带微笑　　C. 表情大方　　D. 表情夸张

53. 服务员与客人交谈时应本着实事求是的原则，不要随便答复自己不清楚或不知道的事情，对服务范围以外和自己无把握办到的事，不要轻易许诺客人。应态度和善、诚恳、热情，体现接待者的热情好客。与客人交谈时应保持站立姿势，（　　）客人间的交谈，客人之间交谈时，不可驻足旁听。

A. 可以随便打断　　B. 可以随意插嘴
C. 可以礼貌打断　　D. 不要随便打断

54. 所谓异地性，是指人们为了达到（　　）、游览审美等各种目的，必须到另一个不是常住的地方。是人们想"换换环境"和追求新奇的心理因素在起作用。

A. 追新求异　　B. 游览玩要　　C. 追求刺激　　D. 结伴交友

55. 旅游者为了实现旅游目的，首先必须能够顺利地从自己的（　　），然后从一个景区向另一个景区转移，这就产生了流动，也就是旅行。只有流动，游览才能获得更广阔的空间形式，所以旅游必须以旅行为前提。

A. 常住地转移到另一个地方　　B. 常住地转移到异地景区

C. 常住地到异地　　D. 常住地到景区

56. 农家乐旅游是介于地方性旅游和区域性之间的一种旅游类型，是一种（　　）的参观游览活动，多数利用节假日、双休日，常以散客、家庭式、小集体的活动形式为主。

A. 远距离、短时间　　B. 远距离、长时间

C. 近距离、短时间　　D. 近距离、长时间

57. 按旅游者的旅游动机和主要目的划分，旅游可分为观光型、度假保健型、公务型、宗教型和（　　）五种主要类型。

A. 散客型　　B. 家庭型　　C. 组团型　　D. 购物型

58.（　　）也称孔庙，由庙学与儒学两个部分组成。它占地 23.21 亩，是目前上海地区面积最大的一座孔庙。

A. 崇明学宫　　B. 寿安寺

C. 城隍庙　　D. 江南三民文化村

59. 寿安寺是崇明地区规模最大、历史最悠久的著名古刹。寿安寺位于崇明县城东（　　）处。寿安寺建于宋朝淳祐年间，距今已有 700 多年的历史。

A. 3 公里　　B. 2.5 公里　　C. 3.5 公里　　D. 2 公里

60. 金鳌山位于崇明城东 2.5 公里处，与寿安古刹相毗邻，（　　），特点是精致、小巧、古朴、秀美，被崇明县人民政府列为县级文物保护单位。

A. 占地 1.2 亩　　B. 占地 1.5 亩

C. 占地 1.2 公顷　　D. 占地 1.5 公顷

61. 前卫生态村位于崇明岛中北部，东平国家森林公园北侧。近两年来，已接待了社会各界人士达数十万人次。目前日接待能力为（　　）。

A. 1 200 余人　　B. 1 000 余人　　C. 800 余人　　D. 500 余人

62. 东滩候鸟保护区位于（　　），它由长江里的泥沙不断淤积而成，总面积 45 万亩，现在还在以每年 150 米（大约 13 亩）的速度不断向外延伸。

A. 崇明岛东部　　B. 崇明岛东南部

C. 崇明岛东北部　　D. 崇明岛北部

63. 绿华，又称老鼠沙。宝地处崇明岛的西南端，距县城 32 公里，东接三星，北邻上海跃进农场，西、南两面环水，靠长江，地理位置优越。经过了（　　）的围垦，如今的

绿华镇总面积有37.45平方公里，在籍人口9 407人，全镇农业总产值达两个多亿。这和绿华人的勤劳与智慧是密不可分的。

A. 20多年　B. 30多年　C. 40多年　D. 50多年

64. 瀛东村位于崇明岛的最东端，在长江与东海的交汇处。崇明有“瀛洲”的美称，瀛东村是瀛洲最东、最早迎来旭日东升的村庄，全村现有农户52家，村民174名。2002年，全村（　　），人均收入1.3万元，家家户户过着丰衣足食的生活。

A. 总产值达700万元　B. 总产值达800万元

C. 总产值900万元　D. 总产值千万元

65. 江南三民文化村位于宝岛崇明，距东平国家森林公园7公里，占地百余亩，以江南地区传统的（　　）文化元素为主题，以衣、食、住、行、艺、玩、商为分类，是非物质文化遗产挖掘、展示和传承的重要基地。

A. 民间、民风、民俗　B. 民间、民俗、民主

C. 民生、民间、民俗　D. 民间、民俗、民族

66. 客房物品配置的基本要求是：体现客房的（　　），体现宣传推销作用，体现客房设施的配备性。

A. 礼遇规格　B. 礼貌规格　C. 礼节规格　D. 待客规格

67. 客房大清扫工作，一般应在客人（　　）时进行，客人在房时必须征得客人的同意方可进行。以不干扰客人的活动为准。

A. 无所谓在不在客房　B. 不在客房

C. 可以在客房　D. 在客房

68. 清扫后的客房要做到六净：四壁净、地面净、家具净、床上净、（　　）和物品净。

A. 洗脸盆净　B. 浴缸净　C. 卫生洁具净　D. 马桶净

69. 客房主要是指卧室与卫生间。农家乐接待户客房的清扫主要包括三个方面的工作：清洁整理客房、更换添补物品、（　　）。

A. 检查保养电器　B. 检查电视机

C. 检查清洁设施设备　D. 检查保养设施设备

70.（　　）的清洁卫生一定做到：整洁、干燥、无异味、无毛发、无脏迹、无皂迹、无水迹。

A. 卫生间　B. 厨房间　C. 厕所　D. 地面

71. 农家乐接待户接到游客即将到达的通知时，应详细了解客人到达的时间、人数、身份，了解接待单位、客人生活标准和收费办法，还须了解客人的活动日程及其他要求

等，做到情况明、任务清。根据（　　）和客人的要求，调整家具设备，补充生活用品和卫生用品。备好茶水。如接待重要客人，要根据接待规格，在客房内准备好鲜花、水果等物品。

A. 接待要求　　B. 接待标准　　C. 服务标准　　D. 服务要求

72. 农家乐接待户应根据客人的要求或针对具体情况，灵活办理住宿登记。办理住宿登记时要向客人（　　）、价格，根据人数合理安排房间。

A. 仔细讲清房型　　B. 仔细讲清规定

C. 详细讲清房型　　D. 仔细讲清标准

73. 在农家乐接待服务中，首先要做好对住宿客人的常规性服务。其次，农家乐接待户可根据自身的设备条件和服务能力，提供相应的服务，如洗衣服务、（　　）、擦鞋服务、客房送餐服务等。

A. 叫早服务　　B. 叫车服务　　C. 送花服务　　D. 叫醒服务

74. 在客人（　　），随身携带的小件物品，甚至贵重物品，由于种种原因可能丢失，经多方查找仍无结果或原因不明，没有确切事实认定在房间内或某人盗窃的，接待户不负赔偿责任，但应向客人表示同情和耐心解释，并请客人留下地址、电话，以便今后联系。

A. 住宿过程中　　B. 游览过程中

C. 参观过程中　　D. 餐饮过程中

75. 详细记录拾到物品的地点、时间、物品名称，（　　），离店客人的姓名。将该情况详细报告接待单位相关部门或报告旅游团队组团社。将物品交有关部门处理。对已知遗留物品客人姓名、住址或单位的，应及时与之联系，设法交还。对拾获客人遗留物品不上交者，经查出，要严肃处理。

A. 拾获者的性别　　B. 拾获者的姓名

C. 拾获者的年龄　　D. 拾获者的要求

76. 个别客人因旅途劳累或水土不服，可能会突然得急病，服务人员不要轻易乱动客人或（　　）给客人吃，应立即协同旅客中有关负责人员报告组团旅行社或接待单位相关部门。

A. 协助医务人员　　B. 擅自拿水

C. 擅自拿药　　D. 马上拿药

77. 站立：两臂自然下垂，两手体前自然相握，抬头、挺胸、收腹，目光平视面带微笑，两脚之间有一拳相隔，不可叉着胳膊，弯腿或倚靠柱子、餐台、柜台或墙面。双手不可插入衣裤袋内，脚不能抖动，不相聚闲谈。微笑：发自内心，微笑自然，一般是在（　　）微笑。

A. 注视宾客目光时　　B. 和宾客握手时

C. 同宾客交谈时　　D. 同宾客目光接触时

78.（　　），讲究个人卫生。礼貌待客，在服务场所碰到客人必须向客人问好。不允许在宾客面前攀谈和有任何不文雅的言行举止出现，如梳头、手插口袋、吐痰等。使用普通话。始终保持微笑、友善的姿态。

A. 要有良好的仪容仪表，着装规范　　B. 要有整洁的仪容仪表，着装规范

C. 要有良好的仪容仪表，着装统一　　D. 要有整洁的仪容仪表，着装统一

79. 将餐巾叠成各种花形，能使餐台显得美观大方。运用餐巾折花的（　　），可以标志宾主席位，便于入座。能给进餐环境增添欢悦热烈的气氛。按餐巾花造型的外观分类，可分为植物、动物、实物造型三大类。主花要摆插在主位。一般的餐巾折花摆插在其他宾客席上，高低均匀，错落有致。

A. 不同花形及摆放　　B. 不同形状及摆设

C. 不同形状及布置　　D. 不同形状及摆放

80. 摆台是农家乐餐饮服务人中的必须掌握的一项基本技能，摆台的基本要求是餐具（　　）、整齐美观、清洁大方，为参加农家乐旅游的宾客提供一个舒适的就餐位置和一套必需的就餐用具。

A. 图案对称、距离匀称　　B. 图案对正、距离一致

C. 图案对正、距离匀称　　D. 图案对称、距离一致

81. 为了提高服务质量和服务效果，无论是摆、换、撤运餐具和酒具，还是传菜、递送酒水等服务，都要使用托盘。根据不同的用途，托盘可分为大、中、小三种规格。大圆形托盘和中圆形托盘一般用于托运菜点、酒水和盘碟等物品；小圆形托盘主要用于递送账单、收款、递送信件等物品。托盘总的要求就是要做到（　　）。

A. 快、稳、平　　B. 快、平、稳

C. 快、稳、送　　D. 平、稳、松

82. 上菜是服务员将（　　）按规格和一定程序奉上餐桌的一种服务方式，中餐上菜，一般是先上冷菜，以便下酒，然后视冷菜食用情况适时上热菜，最后上汤菜、点心、水果。上菜过程中要注意摆菜的位置，如摆冷菜时要注意荤素、颜色口味的搭配和间隔，盘与盘之间的距离相等，摆放热菜时切忌菜盘重叠，转台上的菜盘数量不宜过多。

A. 冷、热菜　　B. 冷菜、点心

C. 热菜、点心　　D. 热菜、汤

83. 一定要保持餐桌清洁。宾客就餐时，服务员要注意观察其动态，当宾客吃完一道菜后服务员应先询问："可以撤掉吗？"宾客给予肯定答复后才能撤换。（　　）。不能将托

盘放在餐台上收餐具，动作要轻、稳，防止餐具碰出响声。禁止当着宾客刮盘。

A. 右手托盘，左手撤餐具　　B. 左手托盘，右手撤餐具

C. 双手同时撤餐具　　D. 2 人合作收餐具

84. 开餐前，应检查餐厅是否按要求摆好餐位，台椅摆放是否整齐美观，餐厅环境卫生是否干净。备好各种茶叶，上好开水及（　　）。将备用餐具摆放在规定好的固定位置。搞好个人卫生，佩戴好员工号牌，仪表整洁，做好开餐前的一切准备工作。

A. 各种点心、餐具　　B. 各种开胃菜、餐具

C. 各种佐料、开餐用具　　D. 各种点心、开餐用具

85. 开餐前，要了解和熟悉当日菜单。特别要熟悉当天不能供应的饭菜品种，以便在推销时同宾客做解释工作。备好茶叶、开水、调味品、开胃小品等。检查餐厅席位布置是否整洁合理，开餐用具是否齐全。若有不完善处，要尽快调整。开餐前（　　），服务员站在自己负责服务的餐台靠墙位置，做好迎宾客的准备工作。

A. 2～3 分钟　　B. 3～4 分钟　　C. 4～5 分钟　　D. 3～5 分钟

86. 金瓜，又名金丝瓜，在崇明已有（　　），是崇明的传统特产。清脆鲜嫩，是家庭、饭店、宾馆中色香俱佳的上等菜肴，享有“植物海蜇”之美誉。金瓜营养丰富，除了有人体所需要的多种维生素外，还含有易被人体吸收的磷、铁、钙等多种元素。

A. 百年以上种植历史　　B. 千年以上的种植历史

C. 百年以上的种植技术　　D. 千年以上的种植技术

87. 草头是上海人对金花菜的称呼，原名苜蓿，又名三叶草。草头为豆科植物，经常食用草头素可平衡人体的酸碱值。（　　），田里的草头将老未老之际，把它一把一把地剪下来，洗净后吹干水分，再将它放入坛内。加入盐，再用粗木棒将它捣实。为防止空气进入，口上用稻草和烂泥封严。然后将坛倒扣在地上，再用泥土将坛口封住。待过了两个月打开，这时原本碧绿的草头已变成金黄色，发出沁人心脾、略带酸味的芳香。

A. 三四月间　　B. 四五月间　　C. 二三月间　　D. 五六月间

88. 崇明白山羊已有 1 000 多年饲养历史，白山羊肉味道独特，营养丰富，它的肉皮白嫩，肉质细软，更有滋补助暖的功效。每逢（　　），岛上几乎逢宴必有白山羊肉，盛情的主人刚端上香喷喷的“红烧山羊肉”，又送上了鲜美的“白烧羊肉汤”，而细嫩的“白切山羊肉”往往是最先与来客见面的冷菜。

A. 初秋时节　　B. 深秋时节　　C. 秋冬时节　　D. 寒冬腊月

89. 崇明老白酒属于发酵原酒，是一种低度甜水酒。它以崇明产的优质大米为原料，汲取经过过滤的长江水，精心酿制而成。初酿的老白酒微混，乳白色，存放一段时间后色泽清澄，呈淡黄色，酒味甜中夹酸，还可闻得米香，酒质醇厚，酒精度（　　）度左右，

饮后回味无穷。

A. 5～10　　B. 10～15　　C. 12～18　　D. 8～13

90. 果树是一种（　　），是园艺作物的一部分，果树的含义随着时代和地区的不同而变化。果树多数是木本植物，少数为草本作物，如草莓、香蕉、菠萝、西番莲等也在果树的范围之内。一般来说，果树是多年生植物，是能生产可供食用的果实或种子及其砧木等的总称。

A. 经济作物　　B. 观赏作物　　C. 食用作物　　D. 常绿作物

91. 经过多年的发展，上海市郊林果产业布局已经基本形成了一区一品的区域栽培格局。以（　　）、松江水晶梨、崇明三岛柑橘、青浦白沙枇杷、金山蟠桃、奉贤黄桃和小水果等为代表的特色果品在上海市民当中已有广泛的知名度。

A. 南汇水蜜桃、嘉定草莓　　B. 南汇水蜜桃、嘉定葡萄

C. 南汇草莓、嘉定葡萄　　D. 南汇葡萄、嘉定水蜜桃

92. 采收时，应按先下后上、先外后内的顺序采收。果柄与果枝容易分离的梨、桃等果实，可以直接用手采摘。采摘时应先用手心托住桃子，将桃子满把握住，再将桃子向一侧轻轻一扳，就可采下，套袋果实可连袋采下，注意不能用手指按压果实和强拉果实。果柄与果枝结合较牢固的如柑橘、葡萄等，可采用采果剪剪取。采摘柑橘应选择采果专用剪，并严格采用“（　　）”法，即第一剪留长梗剪下，第二剪把果蒂剪平，不可拉枝拉果。

A. 一果一剪　　B. 一果三剪　　C. 一果二剪　　D. 一果多剪

93. 按农业生物学分类蔬菜可以分为根菜类、白菜类、绿叶菜类、葱蒜类、茄果类、瓜类、豆类、薯芋类、水生蔬菜类、多年生蔬菜类、（　　）。

A. 无毒的蘑菇类　　B. 香菇类　　C. 木耳类　　D. 食用菌类

94. 农家乐接待户的厨房，绝大多数是由（　　）改建而成，食品做到生熟分开，主副食分开，动物性食品与蔬菜分开。为了降低厨房的温度和湿度，为了排除烹饪里散发出来的气味、蒸汽和油烟，应安排排气扇和抽油烟机等设备。同时还需有良好的通风设施，临近灶台的墙面宜贴瓷砖或其他易擦洗的墙面装饰材料。

A. 家庭厨房　　B. 家庭小卧室　　C. 家庭小餐厅　　D. 家庭小客厅

95. 采购员不买腐烂变质的原料；（　　）不收腐烂变质的原料；加工人员（厨师）不用腐烂变质的原料；营业员（服务员）不卖腐烂变质的食品（零售单位不收进腐烂变质的食品；不出售腐烂变质的食品；不用手拿食品；不用废纸、污物包装食品）

A. 加工人员（厨师）　　B. 保管验收员

C. 服务人员　　D. 餐厅管理人员

96. 保持经营场所室内及房前屋后清洁整齐。做到垃圾入箱、家禽家畜围栏圈养，无杂物随意堆放。杜绝乱搭建、乱张贴、乱堆放等行为。农家乐改造和搭建新舍要符合（　　）并保证周围环境风貌不受破坏。

A. 环保要求　　B. 接待要求　　C. 村庄规划　　D. 民风民俗

97. 农家乐的日常管理应参照旅馆业治安管理模式。对规模较小、经济承受力差、相对集中的“农家乐”，可以以村或多家联合为单位设立“农家乐服务中心”（简称“服务中心”），需建设旅馆业（　　）。“服务中心”和“农家乐”应建立健全旅客住宿登记、24小时值班和定期安全巡查、重大情况报告、消防安全教育与培训、灭火和应急疏散预案演练等制度。

A. 住宿管理登记系统　　B. 旅客身份管理系统

C. 访客管理系统　　D. 治安管理信息系统

98.（　　）全天的服务工作结束后，要关好建筑物各处的门窗。每天客房清扫时，要检查阳台、窗户、门锁等各处防盗设施。客人离开时，要主动提醒客人带好随身物品，餐厅和客房清洁时，要先检查现场有无遗留物。游客住宿期间，接待户本家一般情况下不接待邻里、同事和亲友的来访。

A. 接待户　　B. 前台服务员　　C. 接待员　　D. 餐厅服务员

99. 为游客提供安全的服务环境，保证游客（　　）的安全，这是对从事农家乐旅游服务接待人员最基本的要求。

A. 就餐、住宿、体验活动　　B. 就餐、住宿、游览活动

C. 度假、住宿、就餐活动　　D. 度假、住宿、游览活动

100. 每间客房的门背后要张贴楼层安全逃生图。每层楼面配置灭火器不得少于两支。（　　）应有应急照明措施。烟缸内的烟头要熄灭后倒掉。

A. 客房、餐厅　　B. 客房、卫生间

C. 客房、楼道　　D. 楼道、楼梯

农家乐服务理论知识试卷答案

单项选择题（第 1 题～第 100 题。选择一个正确的答案，将相应的字母填入括号中。每题 1 分，满分 100 分）

1. A　2. A　3. B　4. C　5. D　6. A　7. B　8. C　9. B　10. A
11. B　12. C　13. D　14. A　15. B　16. C　17. D　18. A　19. B
20. C　21. D　22. A　23. B　24. C　25. D　26. A　27. B　28. C
29. D　30. A　31. B　32. C　33. D　34. A　35. B　36. C　37. D
38. A　39. B　40. C　41. D　42. A　43. A　44. A　45. D　46. A
47. D　48. B　49. D　50. A　51. B　52. B　53. D　54. A　55. B
56. C　57. D　58. A　59. B　60. C　61. D　62. A　63. B　64. D
65. D　66. A　67. B　68. C　69. D　70. A　71. B　72. C　73. D
74. A　75. B　76. C　77. D　78. A　79. B　80. C　81. D　82. A
83. B　84. C　85. D　86. A　87. B　88. C　89. D　90. A　91. B
92. C　93. D　94. A　95. B　96. C　97. D　98. A　99. B　100. C

农家乐服务操作技能考核模拟试卷

注 意 事 项

1. 考生根据操作技能考核通知单中所列的试题做好考核准备。

2. 请考生仔细阅读试题单中具体考核内容和要求，并按要求完成操作或进行笔答或口答，若有笔答请考生在答题卷上完成。

3. 操作技能考核时要遵守考场纪律，服从考场管理人员指挥，以保证考核安全顺利进行。

注：操作技能鉴定试题评分表及答案是考评员对考生考核过程及考核结果的评分记录表，也是评分依据。

国家职业资格鉴定

农家乐服务操作技能考核通知单

姓名：

准考证号：

考核日期：

试题 1

试题代码：1.2。

试题名称：迎客语、送客语的使用。

考核时间：10 分钟。

配分：15 分。

试题 2

试题代码：2.1。

试题名称：中式铺床。

考核时间：20 分钟。

配分：20 分。

试题 3

试题代码：3.1。

试题名称：常见果树的识别。

考核时间：10 分钟。

配分：15 分。

试题 4

试题代码：4.4。

试题名称：灭火器的使用。

考核时间：10 分钟。

配分：20 分。

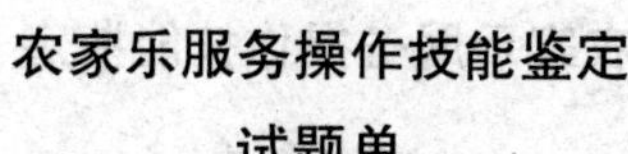

农家乐服务操作技能鉴定

试题单

试题代码：1.2。

试题名称：迎客语、送客语的使用。

规定用时：10 分钟。

1. 操作条件

(1) 不小于 15 平方米的口试室一间。

(2) 秒表一只。

2. 操作内容

(1) 请模拟客人到达农家乐接待中心时，服务人员该如何使用迎客语。

(2) 请模拟向客人道别时，服务人员该如何使用送客语。

3. 操作要求

(1) 注意说话时的姿态与表情。

(2) 使用普通话。

(3) 答题内容符合要求，合乎情理。

(4) 在规定的时间内完成答题。

农家乐服务操作技能鉴定

试题评分表

试题代码及名称		1.2　迎客语、送客语的使用		考核时间（分钟）	10
编号	评分要素	配分	分值	评分标准	实际得分
1	注意说话时的姿态与表情	3	3	姿态大方，面带微笑。错一处扣1分，扣完为止	
2	使用普通话	6	2	音量适中，错一处扣1分，扣完为止	
			2	口齿清晰，错一处扣1分，扣完为止	
			2	注意与方言的差异，错一处扣1分，扣完为止	
3	答题内容符合要求，合乎情理	4	4	答题内容符合要求，合乎情理	
4	在规定的时间内完成答题	2	2	在规定的时间内完成	
合计配分		15	合计得分		

考评员（签名）：

农家乐服务操作技能鉴定

试题单

试题代码：2.1。

试题名称：中式铺床。

规定用时：20 分钟。

1. 操作条件

(1) 模拟客房 1 套。

(2) 两张标准单人床。

(3) 床单、枕头、枕套、被套、被褥各两套。

2. 操作内容

铺设中式标准单人床 1 张。

3. 操作要求

按中式铺床规程操作。

农家乐服务操作技能鉴定

试题评分表

<table>
<tr><td colspan="2">试题代码及名称</td><td colspan="3">2.1　中式铺床</td><td>考核时间（分钟）</td><td>20</td></tr>
<tr><td>编号</td><td>评分要素</td><td>配分</td><td>分值</td><td colspan="2">评分标准</td><td>实际得分</td></tr>
<tr><td>1</td><td>移动床位</td><td>2</td><td>2</td><td colspan="2">屈膝下蹲，用手将床架连床垫慢慢拉出约50厘米</td><td></td></tr>
<tr><td rowspan="2">2</td><td rowspan="2">拉正床垫，铺床单</td><td rowspan="2">6</td><td>2</td><td colspan="2">注意褥子的卫生状况</td><td rowspan="2"></td></tr>
<tr><td>4</td><td colspan="2">将床单正面向上，中线居床的正中位置，两线合一，均匀留出床单四边，使之能包住床垫</td></tr>
<tr><td rowspan="3">3</td><td rowspan="3">装枕头</td><td rowspan="3">4</td><td>2</td><td colspan="2">将枕芯装入枕套</td><td rowspan="3"></td></tr>
<tr><td>1</td><td colspan="2">将枕头放在床头正中，距床头约5厘米</td></tr>
<tr><td>1</td><td colspan="2">枕套的缝线对床头</td></tr>
<tr><td rowspan="3">4</td><td rowspan="3">装被褥</td><td rowspan="3">6</td><td>2</td><td colspan="2">将褥子装入被套中</td><td></td></tr>
<tr><td>2</td><td colspan="2">装好的被褥与枕头平齐，注意枕线的平直</td><td></td></tr>
<tr><td>2</td><td colspan="2">整个床面应平整，无皱褶</td><td></td></tr>
<tr><td>5</td><td>床位复位，最终检查</td><td>2</td><td>2</td><td colspan="2">用腿将床慢慢推进床头板下，再一次检查床是否铺得整齐美观</td><td></td></tr>
<tr><td colspan="2">合计配分</td><td>20</td><td colspan="3">合计得分</td><td></td></tr>
</table>

考评员（签名）：

农家乐服务操作技能鉴定

试题单

试题代码：3.1。

试题名称：常见果树的识别。

规定用时：10 分钟。

1. 操作条件

果树实物。

2. 操作内容

看实物识别果树。

3. 操作要求

（1）按照实物编号写出果树名称。

（2）写出果树的类别。

（3）写出果树科、属。

答题卷

序号	果树名称	果树名称所对应的类别	果树名称所对应的科	果树名称所对应的属
1				
2				
3				
4				
5				

农家乐服务操作技能鉴定

试题评分表

<table>
<tr><td colspan="2">试题代码及名称</td><td colspan="3">3.1　常见果树的识别</td><td>考核时间（分钟）</td><td>10</td></tr>
<tr><td>编号</td><td>评分要素</td><td>配分</td><td>分值</td><td colspan="2">评分标准</td><td>实际得分</td></tr>
<tr><td>1</td><td>写出果树名称</td><td>5</td><td>5</td><td colspan="2">文字正确得 5 分，每错一个扣 1 分，扣完为止</td><td></td></tr>
<tr><td>2</td><td>写出果树名称所对应的类别</td><td>5</td><td>5</td><td colspan="2">对应类别正确得 5 分，每错一个扣 3 分，扣完为止</td><td></td></tr>
<tr><td rowspan="3">3</td><td rowspan="3">写出果树名称所对应的科、属</td><td rowspan="3">5</td><td>2</td><td colspan="2">文字正确得 2 分，每错一个扣 1 分，扣完为止</td><td></td></tr>
<tr><td>2</td><td colspan="2">对应的科正确得 2 分，每错一个扣 1 分，扣完为止</td><td></td></tr>
<tr><td>1</td><td colspan="2">对应的属正确得 1 分，每错一个扣 1 分，扣完为止</td><td></td></tr>
<tr><td colspan="2">合计配分</td><td>15</td><td colspan="3">合计得分</td><td></td></tr>
</table>

考评员（签名）：

农家乐服务操作技能鉴定

试题单

试题代码：4.4。

试题名称：灭火器的使用。

规定用时：10分钟。

1. 操作条件

(1) 提供手提贮压式干粉灭火器1支。

(2) 干柴。

(3) 引火物。

2. 操作内容

(1) 使用程序。

(2) 喷射方向。

(3) 熟练程度。

(4) 文明安全。

3. 操作要求

(1) 使用程序——拔去保险销，喷口对准火源，按下闸门压把喷射扑救灭火。

(2) 喷射方向——顺风喷射，喷射出的干粉迅速扫向火源根部，左右摆动，喷射灭火。

(3) 熟练程度——迅速，准确，在规定时间内完成灭火。

(4) 文明安全——举止文明，动作规范，步步安全，工完场清。

农家乐服务操作技能鉴定

试题评分表

试题代码及名称		4.4　灭火器的使用		考核时间（分钟）	10
编号	评分要素	配分	分值	评分标准	实际得分
1	使用程序	7	7	拔去保险销，喷口对准火源，按下闸门压把喷射 扑救灭火顺序正确得满分，有不协调的适当扣分	
2	喷射方向	6	6	顺风喷射，喷射出的干粉迅速扫向火源根部，左右摆动，喷射灭火，得满分	
			4	不左右摆动，扣2分	
			0	喷射方向不准为0分	
3	熟练程度	4	4	迅速，准确，在规定时间内完成灭火得满分，超时间扣2分	
4	文明安全	3	3	举止文明，动作规范，步步安全，工完场清	
合计配分		20		合计得分	

考评员（签名）：